U0938451

HONG KONG AND
1:20,000
Sheung Shui 上水
Fan Ling
The Hunter's Arms
Tai Hang
Nam Shi Po
Kau Lung Hang
CLOUDY HILL
Sha Lo Tung
Hong Lok Yuen
Tai Po Kau Hui
Tai Po Market
Tai Po
Island House
TAI TAN YANG
Kwan Ti Tsuen
QUEENS HILL
BIRD'S HILL
DUKES HILL
Lung Yeuk Tau
Tam Chuk Hang
Kwan Tai Ling
Hok Tau
Pan Shan Chau
Lai Chi Shan
Ping Kong
Ping Ling
Tai Om Shan
Shek Kong
Tai Wo
Geographical Section, General Staff, No 3868.
Published by the War Office, 1929.
Additional names 1934
2nd. Edition 1945. (Grid change only)
3rd. Edition 1949. (Grid and graticule change only)
CONVENTIONAL SIGNS
Boundaries: International
Administrative
Railways
Narrow gauge
Yards 1000
Metres 1000
Kadoorie Experiment Extension Farm

消失了的……

朱翁香江風物紀行

鄭志康 著

非凡出版

前言

當我第一次翻開本地知名旅行家兼電視人朱維德（下稱朱翁）的行山筆記，泛黃的紙張彷彿帶我穿越到 1960 年代的香港。那是一個山海相依、鄉野盎然的年代。朱翁用他的 Leica 相機和細膩筆觸，記錄了這些即將消失的場景，為我們留下了香港的另一張面孔。作為他檔案的收藏者，我深感一種責任：將這些珍貴的材料整理成書，與您分享這座城市的文化與傳承。這本《消失了的……：朱翁香江風物紀行》便是我對這份責任的回應，也是我的第一本書。

本書的誕生，要追溯至 2021 年，當時我剛開始着手香港佛教史的研究項目，偶然讀到朱翁的最新著作《朱翁同遊 香港原貌》，書中所載的大嶼山寺院舊照，讓我印象深刻。我好奇朱翁歷年來是否拍攝了其他地區的寺院舊貌，於是聯繫出版社。就是這樣，出版社安排了我們見面，開啟了這段因緣。朱翁住在青龍頭，平時常到荃灣逛逛，因此我提議相約在荃灣共膳。我有一個小習慣，每逢與前輩高人會面，必定準備一本或數本對方的著作。這是出於尊重，有時更可借作談資之用。那次會面也不例外。飯後我拿出厚重的相集，朱翁立即接過來欣然翻閱，講解書中不為人知的巧思。當談及慈興寺的飛龍雕塑、凌風石澗的摩崖石刻，他立即眉飛色舞，眼中閃爍着光芒，彷彿勝景就在眼前。朱翁在席上也多番強調，他最喜歡尋幽探秘，愈偏僻、愈難去、愈無人去的地方，他愈想去。正因為如此，他得以留下珍貴紀錄。

散席之時，朱翁提議先根據他在大嶼山所做的基礎上深入發掘。朱翁表示日後行有餘力，可按地區一起整理所需材料，甚至還約定在 2021 年完結前安排訪問和拍攝。無奈新冠疫情來勢洶洶，計劃一直未有落實。隨着工作以外時間與朱翁的交往加深，我有幸得知他收藏了數十年的行山記錄，包括菲林、照片、筆記本和一套 24 張的 GSGS 3868 軍用地圖。這些檔案涵蓋他從 1960 年末到 1970 年代初的 257 次重要行程，遍及港九、新界和離島。到 2022 年疫情漸穩，這時從朱太口中得知，老人家的狀況時好時壞。大家也不約而同想到，檔案是朱翁大半生的心血，如何處理是好？朱太希望材料能被好好利用，獲其理解和支持，讓我有機會收藏這批歷史瑰寶。

整理朱翁的檔案是一場漫長的修行。面對接近一萬條菲林、數千張黑白照片、二百本筆記和滿載註記的地圖，令人震撼。至 2024 年 2 月底，我在 Facebook「香港行跡」專頁偶爾閱覽創辦人何文傑（James）撰寫的關於嶼北及嶼南界碑研究文章，提及朱翁早年已指出地圖錯誤標示海界位置，但未有解決方案，而他現已找到答案。James 多年研究地段及界石歷史，他希望讓朱翁得知六十年後有人研究並取得成果。我主動向 James 提出協助，隨後兩個月與他保持聯繫，並得知他是朱翁的忠實讀者，並計劃於朱翁誕辰期間舉辦小型展覽。

展覽「看我寫真 —— 朱維德作品回顧展」在 2024 年 7 月間順利舉行，期間有《明報》〈星期日生活 · 民間故宮〉專欄記者姚超雯出席，事後邀約我接受訪問。在訪問中我說正在思索能否進一步為此作研究項目 —— 2019 年，朱翁計劃在九十歲大壽的時候出版新書《消失了的》，記載全香港已消失的事物，終未成事。或許我可以運用朱翁的大批材料，編撰一本類近的《消失了的》，作為精神上的延續。及後非凡出版的編輯看過訪問後聯絡我，認為此構想甚佳，提議合作，我們幾乎是一拍即合。

本書分為四部分：港九篇聚焦宋王臺、九龍寨城等城市遺跡；新界篇探索屯門、大埔、佛頭洲等地；離島篇記錄大澳鹽田、南丫島風光、赤鱲角與大小磨刀等海島故事；特別篇〈朱翁同行〉回顧朱翁的紀錄方式。每章以朱翁的照片和筆記為基礎，串聯歷史、文化與個人觀察，呈現香港的多元面貌。特別值得一提的是，書中出現的每一張照片，都是朱翁個人收藏或親身拍攝。

撰寫過程中，我發現朱翁的筆記有時充滿大量細節，有時整本筆記只貼上照片，未有片言隻語，這些都需要我仔細摸索。前者牽涉如何去蕪存菁，後者考驗的是我的研究功力。最後我決定盡可能忠於朱翁的原意，同時補充各地方的歷史資料，方便讀者有一更概括性的理解。間中我也加入了自己的感悟，希望這些情感讓書稿更具溫度。

此書從籌備到完畢，大約十個月，期間得出版社多番鞭策和鼓勵，方能順利面世。同時感謝各方友好在成書過程給予的幫助，包括（排名不分先後）：Victor Li、朱森、潘惠蓮、青山散步 Dennis、劉永康、雪熊故事館洪 Sir、Leo Ng 及 Jerry Leung。最後，特別鳴謝香港藝術發展局對此書的資助。作為新晉作者，這對我來説意義重大。

《消失了的……：朱翁香江風物紀行》是初試筆墨之作，礙於學識淺薄，難及香港歷史研究諸前賢的精深造詣。若書中有疏漏誤謬，皆我一人之過，懇請諸位讀者與學者不吝賜正。

本書是我對朱翁的致敬，也是為保存香港歷史文化所盡的一番綿力。

洋洋灑灑寫了一堆，是為序。

QUEENS HILL
The Hunter's Arms
BIRD'S HILL
Kau Lung Hang
C L O U D Y H I L L
大南山
Tai Hang
Hong Lok Yuen
Tai Po Kau Hui
大埔旧圩
大埔圩(太和市)
Tai Po Market
Tai PO
元洲仔
Island House
大埔墟車站

目　錄

前言 2

第一章 港九篇

百年歷史巨輪　撥動新舊交錯——中西區懷古 10

驚濤拍岸　打出幾許繁華——土石之下的港島海岸線 20

王朝夢斷　歷劫苟存——宋王臺石碑 36

龍城、炮台與海濱——九龍寨城的早年歲月 46

石上留痕　歷史絕響——隨風遠去的一筆鵝 64

登高極目蒼茫裏　一嘯臨風萬壑號——獅子山傻人塔 71

第二章 新界篇

屯門雖云高　亦映波濤沒——青山風光無限好 84

百年墟市　在時光中熠熠生輝——大埔昔日好風景 108

村落記憶　化作水中倒影——消逝了的船灣六鄉 121

碧波萬頃　珠貝閃爍——香港六十年代的養珠業 134

稅關文物與遺址——見證香江百年海關史 144

第三章 離島篇

寨城戍衛 以保海隅安寧 ——東涌古城 170

禪院鐘聲 在生滅之間遠去 ——大嶼山道場舊貌 182

幽幽地宮 承載君王的夢 ——黃龍坑永福疑陵 208

有人煮海 有人抬兜 ——遺忘了的大澳記憶 215

鐵鳥飛翔 劃破大海寧靜 ——赤鱲角與大小磨刀 224

洞口石縫 守護隱秘傳奇 ——南丫島探勝與張保仔洞 240

耕耘希望的光芒 ——周公島難民避風港 258

肉體與精神的雙重考驗 ——喜靈洲痲瘋病院 266

香銷玉殞 薄命憐卿 ——石鼓洲 278

特別篇 朱翁同行

行走的記憶 觀察的視角 ——筆記與軍用地圖上的朱翁足跡 290

後記 ——香江遺韻，記憶永存 302

第一章

港九篇

百年歷史巨輪 撥動新舊交錯

中西區懷古

香港，這座東西文化交匯的城市，百年發展中蘊藏了無數新舊交替的故事。而中西區作為殖民時期的經濟、行政與文化中心，更是這段歷史的縮影。朱翁收藏了不少上世紀二十至三十年代的老照片，讓我們透過下列照片的視角，穿越時光的迷霧，細看現已消失的中西區昔日風貌。

中環街市：都市變遷的時光印記

中環街市（Central Market）的歷史可以追溯到 1842 年 5 月 16 日，這座位於皇后大道（Queen's Road）上的市場，整體規劃周詳，井井有條，設有專門的肉類區、水果蔬菜區、家禽區、鮮魚區等，為市民提供極大之便利與裨益。[1]

至 1850 年代，中環街市遷往現址 —— 中環皇后大道中 93 號及德輔道中 80 號。

第一代建築很快便無法滿足快速增長的市集需求，政府因此在 1895 年重新規劃並建成第二代中環街市。這座建築以維多利亞式風格設計，樓高三層，中央配有塔式結構，是當時富有代表性的公共建築之一。

1 見 1842 年 5 月 12 日《香港憲報》（Hong Kong Government Gazette）頭版。

照片攝於 1932 年 3 月，記錄了當時中環街市的南面正門全貌。這座兩層高的建築物，中央凸出的閣樓甚為獨特。上行的寬闊階梯與陡直的下坡形成鮮明對比。當年的中環，高樓尚未成片，建築大多以四層為主，屋頂覆瓦，幾乎不見平頂天台。相中街景，與今日玻璃幕牆林立的都市心臟地帶相比，彷彿兩個截然不同的世界。此後，中環在不足五十年內經歷了從傳統到現代的劇變，展示了香港都市化進程的急速。

昔日的中環街市是重要的食材集散地，供應新鮮肉類和蔬果。相比現代化的商場，這樣的街市更注重功能性，與人們的生活息息相關。

上方照片中，購物者攜帶着籃子或袋子穿梭於市場間，可見當時上環街市的繁忙景象。特別是一群穿白衫黑褲、垂着長辮的女傭（俗稱媽姐），展現了那個時代來港女工的身影。她們大多來自中國內地，成為許多香港家庭的支柱之一。

1937 年，中環街市拆卸重建。第三代中環街市於 1939 年 5 月落成，建造費用高達九十萬港元。在日佔時期，街市曾被更名為「中央市場」。1990 年，香港古物諮詢委員會將中環街市列入三級歷史建築。隨着時間

左　照片左下角的租庇利街（Jubilee Street）是中環核心地帶的重要街道，以維多利亞女王登基五十週年（即「金禧」）命名，曾是中環街市的重要聯結通道，街上林立的鐵皮棚與商舖，形成獨特的都市景觀。照片中的鐵架騎樓，不僅為行人遮陽擋雨，還擴展了商舖的經營空間，這是當時香港十分普遍的建築形式。

右　照片攝於 1934 年 5 月，捕捉了市場外工人的洗地場景，展現當年生活的節奏和城市管理的細節。

推移，街市的功能逐漸減弱。2017 年 10 月 10 日，中環街市正式移交市區重建局，展開全面的活化工程，2020 年 10 月完成第一階段，第二階段則於 2022 年 1 月竣工。活化後的中環街市於 2021 年 8 月起向公眾開放，以嶄新面貌成為中環的文化地標，將歷史和現代生活緊密結合，成為市民和旅客的熱門場所。

干諾道與碼頭：城市核心的變遷

干諾道（Connaught Road）是填海而成的街道。1889 年，港府在中環啟動海旁填海工程，擴展土地以應對城市發展需求。翌年，英國王子干諾公爵（Duke of Connaught）伉儷訪港。為紀念盛事，政府決定將填海區新建的一條海傍道路命名為「干諾道」，以紀念這位維多利亞女王第三兒子的訪問。干諾道於 1903 年正式落成通車，自此成為中環的重要交通幹道。

海底隧道尚未建造前，渡輪是唯一穿梭港九兩岸的交通工具，因此，碼頭在城市中佔據了極其重要的位置。城市的節奏和發展往往成正比，這幾張朱翁收藏的照片，拍攝於 1930 年至 1934 年間，從當時香港碼頭的景象，便可感受到比今天緩慢得多的生活節奏。

照片從干諾道中近今日香港中華廠商會聯合大廈前向東拍攝。正中的小鐘樓是統一碼頭（United Pier，現已拆卸，約在今日國際金融中心一期位置）。1930 年代，干諾道旁邊就是大海，海中豎立的一支支黑桿，是當日運貨帆船的桅柱。碼頭周邊停泊着滿載貨物的帆船，顯示那時香港作為貿易港口的繁忙景象。干諾道另一側是石砌建築，包括一間設置於馬路中央的公共廁所，這樣的設計今天已不復存在，但它揭示了早期香港城市規劃的獨特性。

上　位於干諾道的第二代天星碼頭（約今日怡和大廈對出位置）。早上七點半，車伕拉着人力車悠閒地走在碼頭旁。

下　皇后碼頭建成後，每當船隻經過或停靠之際，船頭和船尾的水手都會向皇后碼頭舉桿致敬，這是當時常見的習慣。

上　干諾道中與畢打街交界的早上，天星碼頭的時鐘顯示接近早上九時三十分。乘客已全部登上渡船前往大公司，原本等候的人力車隊都「不見了」。路中央矗立着「卜公」（港督卜力爵士 Sir Henry Arthur Blake 的俗稱）的雕像。雕像下一名警員正在避日，身上是舊殖民地風格的制服。

下　早上八點四十多分，風雨中的統一碼頭只有兩部車在等待渡海。右側的交通指揮燈下，有警員在指揮交通。

山頂纜車：現代化的開端

香港交通歷史中，山頂纜車無疑是其中一個最具代表性的象徵之一，可以追溯到十九世紀末。1904 年 7 月 30 日，香港第一輛電車在軍器局街（今軍器廠街）啟程，但纜車卻早在 1887 年 5 月 30 日已開始在太平山頂與山腳之間上落，比電車早了整整十七年。朱翁從攝影師朋友余德華處得到下面的照片，記下了早期纜車站的面貌。

1882 年 2 月 9 日，香港立法局通過《有軌電車事業條例》(Professional Tramways Ordinance)，計劃在香港島建設六條電車路線。包括時任香港總商會主席奇利贊臣（F. B. Johnson）在內的四位商人提出承辦連接中環花園道至太平山爐峰峽的鐵路。獲政府批准後，香港高山纜車鐵路公司（Hong Kong High Level Tramways Company）正式成立，並於 1885 年 9 月動工。1888 年 5 月 30 日，山頂纜車正式啟用。自通車以來，山頂纜車一直是攝影師和藝術家的靈感來源，早期的攝影作品和繪畫記錄了纜車站台及沿途風光，其中一些作品更被製成黑白明信片，經彩繪後成為極受歡迎的紀念品。

山頂纜車是亞洲最早的纜車系統，不僅是技術創新的標誌，更是香港城市發展的見證。從歷史背景、技術變革，以至文化價值，纜車在香港交通與旅遊史中都佔據重要地位，成為連接山頂與市區的重要紐帶。

小結：尋找文化延續的線索

從中環街市到山頂纜車，中西區的老照片記錄了香港的百載繁華與滄桑。相中的歷史場景充滿濃厚的殖民地香港特色，也呈現了社會現代化的變遷步伐。

透過照片，我們得以反思歷史的軌跡，並從中尋找文化延續的線索。在高速發展的今天，這些記憶猶如一盞明燈，照亮了香港歷史與未來的交匯點。中西區，作為時代的見證者，仍在撥動着新舊交錯的命運巨輪，啟示着香港未來的無限可能。

照片攝於 1932 年某個早上，相中木構建築是纜車的山腳站，鐘面顯示八時二十九分。三年後，纜車站拆卸。木樓分別在 1935 年及 1964 年經過翻修，並在 1981 年拆卸重建，最終演變成今天的現代化月台。

驚濤拍岸
打出幾許繁華

土石之下的港島海岸線

提起香港島的海岸線，總讓人感慨今昔對比。從銅鑼灣漁舟搖曳的避風塘，到堅尼地城的海浪拍岸，再到鴨脷洲的寧靜漁村，昔日的香港島是一片純樸的海濱風光。如今，高樓聳立，馬路川流不息。自 1841 年英國人踏足這片土地，香港島的海岸線就在填海造地的浪潮中徹底改頭換面。曾有一句老話：「英雄被困筲箕灣，何日方得上中環！」這句帶點調侃的俗語，點出了早年交通不便的無奈，也勾勒出香港島從荒涼海濱蛻變為繁華都市的曲折歷程。漫步在中環的德輔道、銅鑼灣的維多利亞公園，或是南區的香港仔，每一步都踏上從海中填築而成的土地上，映照出這座島嶼百年來的變遷。

維城初貌 填海肇始

香港島的海岸線故事，始於維多利亞城的奠基。1841 年，英國殖民者初來甫到，當時港島北岸還是狹窄的海灣，僅有零星漁村與聚落。為了拓展土地，殖民政府早早便開啟了填海的篇章。據記載，首次填海並非刻意規劃，而是因興建荷里活道與皇后大道產生的砂石無處堆放，索性推入海中，意外擴充了維多利亞城的邊界。這一「無心插柳」的舉動，竟為香港日後的填海計劃埋下伏筆。

1898 年，為慶祝維多利亞女王登基六十週年，政府頒布《皇后運動場條例》（The Queen's Recreation Ground Ordinance），在銅鑼灣興建皇后運動場。這張照片攝於 1932 年 3 月 2 日，攝影者站在運動場邊，鏡頭捕捉到欄杆外往筲箕灣方向行駛的雙層電車。電車路名高士威道，取自 Causeway 音譯，意指海堤道，映照出銅鑼灣昔日的自然景觀。1950 年，皇仁書院遷至高士威道，取代了原運動場。

1851 年，皇后大道的一場大火燒毀數百房屋。時任港督文咸（Samuel George Bonham）靈機一動，決定將瓦礫悉數推入海中，於是催生了名為「文咸填海計劃」的工程。從 1852 年起，填海範圍覆蓋今日的蘇杭街、文咸東街至摩利臣街，後又於 1868 年延伸至文咸西街。新生的土地上，政府大樓拔地而起，上環的輪廓初現。與此同時，灣仔的海岸線也因類似工程延伸至今日的莊士敦道。這些早期的填海，規模不大，卻為港島的都市化奠定了基石。

在不遠處的銅鑼灣，還是名副其實的海灣。1864 年，東角（今東角道一帶）因填海而從海角變為內陸，拓展為市區與商業區；1883 年，量地官裴樂士（John McNeile Price）推動銅鑼灣避風塘的建立，高士威道的雛形漸顯。

金鐘樽頸 東西難通

港島早期的城市規劃，頗有軍事與商業的博弈色彩。1843 年，皇家工程師愛秩序少校（Major Edward Aldrich）提交報告，力主將金鐘定為軍事基地。政府採納方案，金鐘成為軍事重地，政府中心退居政府山，商業區則被迫西移，港島北岸的發展自此向西優先。

金鐘的軍事地位，卻也成為東西交通的「樽頸」。裴樂士曾提出在金鐘軍事基地前興建海堤馬路，類似今日的海岸繞道，以疏通交通，可惜未獲採納。早年電車路線僅從上環街市到銅鑼灣，因維多利亞城東界止於皇后運動場西側（今皇仁書院一帶）。筲箕灣的居民往中環，需苦等單軌電車往返，耗時費力，所以有「英雄被困筲箕灣」之嘆。直到電車路線延伸至筲箕灣，交通才稍有改善，但港島東部的發展仍遠落後於西面。

移山填海 遮打雄圖

1887 年，一場名為「海旁填海計劃」（Praya Reclamation Scheme）的世紀工程，重塑了港島北岸的面貌。早在 1855 年，港督寶靈（John

Bowring）便提出從中環至銅鑼灣興建海濱長廊的構想，卻因海旁業權糾紛而擱置三十年。直到商人遮打（Paul Chater）挺身而出，這位亞美尼亞裔的立法局議員，以驚人的膽識與手腕，推動了「海旁填海計劃」。計劃分兩期進行：首期從堅尼地城至美利碼頭，次期延伸至灣仔。遮打親赴倫敦游說殖民地部（Colonial Office），強調填海不但可增加庫房收入、改善衛生與交通，也可美化維港景觀。最終，計劃獲批，開啟了香港「移山填海」的輝煌篇章。

首期工程以堅尼地城的山坡為填海物料，移平山坡既可出售平地建屋，又能補貼填海經費，可謂一舉兩得。1889 年，德輔道中、干諾道中等

此照攝於 1933 年 4 月 22 日，地點位於今天維多利亞公園正門入口（女皇銅像前方）。當時，這一帶仍是海面，後來成為避風塘，再經填海建造為公園。朱翁說，水上人以渣甸倉旁的大木棉樹開花為換季信號，花開即捲起棉被，拿去當鋪典當。照片中的木棉樹，如今已被樂聲大廈取代；高士威道上僅一輛電車緩行，行人寥寥，山頂房舍稀疏。短短四十四年，銅鑼灣從海濱變都市，令人感慨時光飛逝。

地自海中誕生，殖民地建築如太子行、郵政總局、香港會與皇后像廣場相繼落成，中環的繁華雛形初現。

灣仔的填海則於 1920 年代啟動。遮打與海旁業主協商，按地積比例分擔費用，工程移平摩利臣山，填平灣仔海旁。不過因涉及的摩利臣山石塊過多，工程最後延至 1929 年才完工。

戰後新生 維港變遷

二戰後，香港人口激增，1950 年突破二百萬，十年後更上升至三百萬。為應對土地短缺，填海工程進入新階段。1948 年，政府與荷蘭海港公司合作，重啟戰前已開始了一部分的北角填海工程。填海物料來自北角七姊妹山與茶果嶺的礦場，新土地成為戰後首批工業區（另一個是觀塘）。與此同時，銅鑼灣避風塘北移，工程於 1951 年動工，1955 年完成。告士打道因東角和銅鑼灣填海，而延長至加寧街和高士威道，成為港島

1966 年 4 月 3 日，朱翁在避風塘向香港仔方向拍攝。左方山丘上的是舊香港仔警署，建於 1891 年，是香港少數碩果僅存的維多利亞式建築。1995 年，警署活化成蒲窩青少年中心，現為二級歷史建築。往右邊看過去是俗稱「十五間」的十五座舊式樓房，填海後現時已改建為雙喜大廈、業漁大樓、海光閣等。隨着海岸線向前伸延，「十五間」前的香島道改稱香港仔大道，並在前面加建香港仔海傍道。

東部連繫中環的要道。1957 年 10 月維多利亞公園在新填海的土地上啟用，並以園內的維多利亞女王銅像命名。

中環與灣仔的填海於 1952 年至 1972 年間分階段進行。中環填海分五期，首期於 1952 年啟動，將皇后像廣場與天星碼頭北移，誕生了新一代大會堂與新皇后碼頭。隨後的第二至第五期，陸續拓展至林士街、摩利臣街與皇后街。灣仔填海則於 1959 年啟動，東起奇力島（今海底隧道出入口），西至海軍船塢。新土地不僅支撐起商業高樓，更帶來運動場與游泳池等康樂設施，港島海岸線自此步入現代化。

1960 年代末，海底隧道港島出入口的建設帶動新一輪填海。奇力島及維多利亞公園以西的部分銅鑼灣避風塘被填平，與灣仔新填地連成一體。特別值得一提的是告士打道的演變。1971 年前，今天的告士打道天橋處是一條水道，稱為告士打道運河，供位於東角的牛奶公司冷廠船隻運送冰塊。1972 年，這條水道被填平，連同維多利亞公園西門旁的明渠覆蓋，建成告士打道及告士打道天橋。

奇力島（Kellett Island），這個維多利亞港中的袖珍島嶼，如今已從香港地圖上消失。位於紅磡海底隧道港島出口附近，奇力島原是面積僅 0.01 平方公里的花崗岩小島，東鄰銅鑼灣，西接灣仔。1841 年，英國海軍軍官亨利 · 奇力（Henry Kellett）將它命名為奇力島，華人則因它形似燈籠，稱之燈籠洲，或因傳說漁民撈獲紅香爐而奉為「紅香爐」。

開埠初期，奇力島因位於港島前沿，成為英軍要塞 —— 1842 年，英軍建堡壘，1854 年加設三門大炮，防範清軍。1860 年九龍割讓後，島上軍事作用減弱，改作軍火庫。1938 年，皇家香港遊艇俱樂部進駐，利用舊軍事地基建大樓，結束了它的軍事功能。二戰日佔時期，島上短暫恢復

軍用，戰後重歸遊艇會。1950 年代，銅鑼灣避風塘填海為維多利亞公園，奇力島與陸地由海堤相連。1969 年為建紅隧，維港沿岸再次填海，奇力島最終於 1970 年代併入香港島，成為今日香港遊艇俱樂部所在地。1991 年，遊艇會施工時發現陶罐，內藏二千四百枚隋唐宋古錢幣，揭示奇力島千年歷史。

漁港舊夢　現代新章

昔日港島南區，香港仔的「北海」船來船往，鴨脷洲的「南海」滿是修船的敲打聲；如今，填海造地為這片海濱換新貌，公園、屋邨和高樓取代了漁網與船塢。走在香港仔海濱公園的步道，或逛鴨脷洲的街市小店，舊漁村的回憶與新生活的節奏交錯，串起南區海岸線的獨特故事。

南區的歷史可追溯至遠古。黃竹坑南風道旁的一塊石刻，刻有饕餮紋與螺旋紋，與先秦青銅器紋飾相近，推測已有逾三千五百年歷史。清康熙年間的《新安縣志》記載「香港村」，1866 年《新安縣全圖》則標示「香港圍」，位於今日黃竹坑，後被殖民政府稱為「小香港」。這些地名背後，隱藏着南區與「香港」命名的淵源，或許更與明代莞香轉運的石排灣港口有關。

香港仔的海岸線因工業化而改變。1857 年，港督寶靈爵士提議興建船塢，帶動南區的造船與貿易熱潮。香港仔的兩處選址分別由約翰·那蒙（John Lamont）與杜格拉斯·那柏（Douglas Lapraik）承租。那蒙船塢於 1860 年建成，迅速投入修船業務，附近展開大規模填海，範圍涵蓋今日的香港仔大道、舊大街、東勝道、成都道等地，海岸線因船塢形成兩個獨特的凹位。1863 年，那柏創立香港黃埔船塢公司，營運合普船塢，並於

朱翁這張香港仔避風塘全景照，定格了港島南區海岸線的變遷瞬間，從漁網飄揚的舊日漁村，逐步邁向現代海濱公園與住宅區的繁華。香港仔與鴨脷洲之間的海港，昔日是漁船停泊的天然避風灣，如今填海造地已將這片水域化為休憩綠地和高樓社區，與當年漁舟搖曳、晚歌悠揚的景象形成鮮明對比。

1. 日後鴨脷洲邨所在　　2. 田灣徙置區
3. 華人永遠墳場　　4. 海角皇宮
5. 香港仔船廠　　6. 太白海鮮舫
7. 洪聖古廟　　8. 鎮南酒家、炳文學校
9. 漁光邨　　10. 舊香港仔警署
11. 興建中的石排灣邨　　12. 明珠大戲院
13. 香島道官立小學　　14. 香港仔工業學校
15. 涌尾　　16. 鴨脷洲街坊學校
17. 基督教海面傳道會漁民學校（俗稱鴨脷洲漁民學校）
18. 聖神修院　　19. 南朗山
20. 布廠灣

仍保留清光緒十七年(1891年)的「均沾惠澤」牌匾。1841年香港開埠時，鴨脷洲北岸前的「大、小鴨蛋」小島尚未填平，東面島上的洪聖廟旁設有碼頭與石堤，連繫北岸，成為漁民往來的要點。

人口增長與衛生問題等社會現象，促使鴨脷洲的海岸線在二十世紀初迎來變革。1920年代，港府啟動填海工程，將「大、小鴨蛋」與主島連繫。1932年，政府命名新填地的七條道路為山明街、水秀街、新市街、好景街、平瀾街、惠風街和洪聖街，同時又延長鴨脷洲大街。這片新填地不僅改善了居住環境，也為社區注入新活力。

南區的工業化亦隨填海而來。1965年，鴨脷洲因北角發電廠供電不足，香港電燈自行填海建廠，1968年投產。發電廠又於1989年關閉，原址改建為海怡半島。1970年，香港仔船塢因漁業式微關閉，填平為香港仔中心住宅用地。1980年3月28日，鴨脷洲大橋通車，結束「孤島」時代，利東邨、海怡半島等屋邨帶來新居民，改變社區生態。鴨脷洲大街

的傳統產業，如造船與醬園，因租金飆升與漁業北移而衰退。

工業浪潮 高樓屋邨

柴灣，舊名西灣，名稱源於客家話「柴」（chai）與粵語「西」（sai）音近，英文曾譯為「Sai Wan」，鄰近小海灣則稱小西灣。1845 年，英國測量師歌連臣（T.B. Collinson）將此地標為「Sywan Bay」，誤將「柴」聽作「西」，並重複添加「Bay」，形成西灣灣的冗名。這一名稱混淆流傳至 1960 年代，地圖上常見西灣，而今日的小海灣則定名小西灣。

柴灣之名據傳因盛產柴薪而來，例如在清代時，供本地瓷窯燃料之用。1949 年後，大量難民湧入香港。1951 年，政府設立柴灣平房區，收容新移民，即今日興華邨、興民邨、康翠臺等地的前身，教會亦提供支援，建設愛華村。1959 年，原有村落清拆，改建二十七座徙置大廈。為解決住屋與就業問題，港府在 1960 年代開始銳意將柴灣打造成工業區，興建工廠與屋邨，讓居民安居樂業。

1970 年代，柴灣工廠林立，成為新興工業重地，徙置區陸續改建為公共屋邨，如柴灣邨與興華邨一期，其後均重建或再發展。1982 年，港鐵柴灣站動工，從此交通更方便。柴灣的海岸線，從柴薪漁村到高樓屋邨，見證了戰後香港的移民潮與工業化浪潮。

小結：今昔對比 得失之間

從 1842 年的荒蕪海濱，到今日的摩天大廈，港島海岸線的變遷，是一部移山填海的史詩。維多利亞公園、中環國際金融中心、灣仔會議展覽中心，皆自海中而來，與香港的經濟奇跡互相輝映。然而，填海亦帶

1963 年 10 月 27 日，朱翁登上港島東的砵甸乍山（又稱馬塘山），拍下柴灣填海工程的珍貴一瞬，記錄了海岸線從漁村到工業重鎮的轉變。

1. 柴灣邨第 16 至 27 座（後拆卸重建為環翠邨） 2. 栢架山

3. 小避風塘（填海後為怡翠苑及宏德居） 4. 童軍山（平整及填海以興建柴灣公園）

5. 柴灣平房區的愛華村、興民村 6. 柴灣坳 7. 西灣炮台

8. 鯉魚門 9. 老鼠排 10. 興建中的柴灣邨第 2 至 8 座（後拆卸重建為樂軒臺）

來不可忽視的代價。奇力島的消失、維港水流的改變，以至環境保護人士的抗議，皆提醒着我們，繁華背後的環境成本。

漫步今日的港島環島徑，對比百年前的歷史照片，不禁令人感慨。昔日的水上人以木棉花開為信號，捲起棉被，交由「二叔公」收藏；如今，木棉樹下已聳立樂聲大廈，高士威道上車流不息。填海造就了香港的輝煌，卻也讓維港的自然景觀日漸遠去。港島的海岸線，是否也終將在驚濤拍岸中，湮沒於繁華的浪潮？

1961 年 1 月 29 日，朱翁漫步山頂盧吉道，俯瞰維多利亞港的壯麗全景。他以「獨自憑欄，無限江山」來形容這一刻的感受。中環大會堂尚在施工、添馬艦海軍基地仍有艦隻靜泊、灣仔告士打道前海浪輕拍……時光在維港的波浪中緩緩流淌。

在這片填海而來的土地上，古老的「傳說」與現代的繁華交織，有時候會令人嘖嘖稱奇。朱翁說，早年民智未開，相傳太平山藏有一隻石龜，日久成精，每年向上爬行一吋，抵達山頂時，香港島便將陸沉，沒於海中。他親自上山，找到石龜（圖左方）：以太平山高 550 米計，石龜在 1961 年時，已經爬到大半山；屈指一算，尚有 5512 年光景，才是香港島末日。石龜或許仍在盧吉道旁的懸崖棧道間緩緩前行，尚未可料。特別值得一提的是，朱翁無意中拍攝到位於西摩道以道明會遠東香港總務長（The Procurator in Hong Kong for the Dominican Missions in the Far East）名義設立的修道院（在石龜下巴部右下方的西式建築物）。修道院在 1962 年售予地產商，改建為今日的美麗台及美麗閣。

奇力島雖已不再是島，但名字仍存於「燈籠洲街市」與遊艇會地址「吉列島」之中。朱翁的鏡頭捕捉這景象時，感嘆這小島如何在填海浪潮中，化為香港都市傳奇的一部分。

王朝夢斷
歷劫苟存

宋王臺石碑

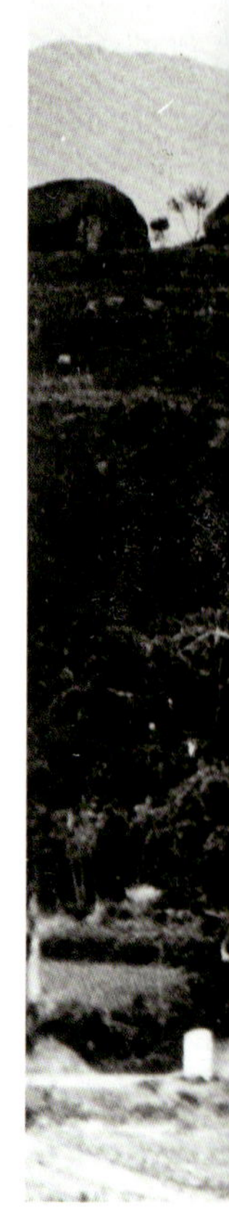

位於九龍城區的宋王臺公園，有一塊刻有「宋王臺」三個字的石刻，是香港最具歷史意義的地標之一，承載着南宋末年的悲壯故事。透過朱翁收藏的老照片，我們可以窺見這個地區數百年的滄桑變遷。

宋王臺的起源與歷史背景

宋王臺的故事，源於南宋末年的亂世。1275 年，元軍南侵，京師臨安危殆，南宋恭帝投降被俘。朝臣文天祥、陸秀夫、張世傑等人擁立益王趙昰於福州登基，是為端宗。元軍緊追不捨，端宗與衛王趙昺南逃，經泉州、潮州、東莞等地，1277 年抵達九龍官富場（今九龍城一帶），於聖山短暫駐足，搭建行宮，時稱「二王殿」。《新安縣志》記載，趙昰年僅十歲，趙昺才六歲，隨行宮廷與軍隊歷盡顛沛，風霜滿路。1278 年，趙昰病逝，少帝趙昺繼位。1279 年，崖山之戰，陸秀夫背負幼帝投海，南宋滅亡。

宋王臺巨岩原本位於一個名為聖山的小山崗上，據說那曾是兩帝駐蹕之所。岩面平坦，可容數十人，旁有天然洞穴，傳為行宮遺址。百姓感懷二帝坎坷，在岩上刻下「宋王臺」三字，不僅是追思末帝的標記，更化為人民對故國殞落、王朝夢斷的深沉寄託。

上　1899 年，《保存宋王臺條例》通過，嚴禁在聖山範圍內採石，宋王臺巨石自此得以保全。1915 年，香港富商李瑞琴慷慨捐資，修築石垣、牌坊、小亭與盤山石階。

下　未加建石垣前宋王臺巨石的面貌。

遺跡的傳承

刻石的年代無從確考，但旁有「嘉慶丁卯重修」（1807 年）字樣，筆跡蒼勁，至今可辨，足證它在十九世紀初已存。晚清文人常登聖山，憑弔前朝，詩文抒發興亡之嘆，宋王臺聲名遠播，成為旅遊勝地。

十九世紀末，香港城市化浪潮湧動，聖山周邊卻因私採石材而岌岌可危。1898 年，九龍城居民不甘宋王臺遺跡受損，聯同華人領袖、立法局議員何啟等，掀起保育運動。翌年，何啟在立法會慷慨陳詞，力促保護法規。《保存宋王臺條例》（Sung Wong T'oi Reservation Ordinance）順利通過，嚴禁聖山採石，巨石得以保全。1915 年，港英政府計劃拍賣聖山土地，涵蓋宋王臺遺址。前清太史賴際熙聞訊，疾呼永續保存這一「千年行宮故址」，獲商人李瑞琴鼎力資助。兩人奔走呼籲，終使港督同意更

左 除了「宋王臺」三個大字外，尚有不少詩詞遍布四周。單憑肉眼判斷，這些題詩並非刻在石上。

右 聖山經此修葺，巨石旋即成為景點，吸引無數訪客前來，或參觀或憑弔。

改規劃，劃定聖山為保護區，並允建石欄鞏固遺跡。這兩場行動，開啟香港遺跡保育的先河，為宋王臺的文化命脈注入生機。

賴際熙又與另一位前清遺老陳伯陶走訪坊間，搜羅史料，潛心鑽研，仔細爬梳宋王臺的歷史；又將石刻旁的牌樓、洞穴一併納入保護，廣泛宣揚遺跡價值。1916 年，陳伯陶召集吳道鎔、張學華等南遷遺民，於宋王臺祭祀南宋遺民趙秋曉誕辰，並以詩詞寄託對家國身世的思念。翌年，蘇澤東輯錄酬答詩作，結集《宋臺秋唱》。這些努力，把宋王臺從鄉野故事升為文化標誌，引起無數人追思南宋歲月。宋王臺不僅是避難遺址，更是晚清文士對故朝的深沉眷戀。山水與哀思交融，喚起無盡感慨。

上 有人在宋王臺巨石的背後，題寫「芮（昺）帝陵臺盛世風」之句。
下 由劉揚芬於 1917 年繪畫的〈宋臺秋唱圖〉。

戰亂與現代的試煉

宋王臺的命運在日佔時期經歷嚴峻考驗。當時日軍為擴建啟德機場，招募工人炸毀聖山，碎石用以增建跑道。1943 年 1 月 9 日，西本願寺僧人宇津木二秀主祭，沙田西林寺的浣青法師也是主法僧人之一。多次爆破後，巨岩斷為三段，連帶在宋王臺後方的珓杯石亦一併化為齏粉。但日軍擴建機場的工程尚未完工，日本已宣布投降。戰後，航空需求激增，港英政府繼續擴建機場，最終夷平聖山，並在原址建造了啟德機場客運大樓。

九龍街坊不甘遺跡湮沒，積極請願。戰後，因九龍城的華人團體如樂善堂與街坊會的請求，港府派工人割下殘餘的刻字岩石，擬在宋王臺原址以西一百米的地方，興建一個宋皇臺公園，將歷劫苟存的「殘石」擺設園中。

當時，港府為平衡啟德機場擴建與保護石刻的需要，與趙族宗親總會商議，建造公園以安撫華人社區情感。趙族宗親總會積極參與，承擔了中、英文紀念碑的製作。中文的由簡又文撰寫，英文則由林仰山擔任。碑文詳述宋王臺的歷史與遷移過程，凝聚了對宋室的尊崇。1959 年 12 月 28 日，碑記揭幕典禮隆重舉行，地方團體與港府攜手慶祝，彰顯了古蹟保護與社區團結的深遠意義。石刻被移至新址，成為香港一個重要文化地標。

《九龍宋皇臺遺址碑記》每座高大約 5 呎，闊大約 3 呎，分別豎立於公園入口通路左右兩旁。為方便外國遊客認識公園之命名與宋王臺石刻的歷史，入口左方的碑記是英文，右方者則為中文。兩塊石碑皆用屬上乘之選的連州青石鐫刻，碑頂並刻有二龍爭珠圖案。

現代化使香港的面貌發生了翻天覆地的變化。啟德機場的擴建及城市化的推進，使聖山消失得無影無蹤。儘管這塊刻石所處的自然景觀已不復存在，宋王臺的歷史記憶卻並未因此消失。

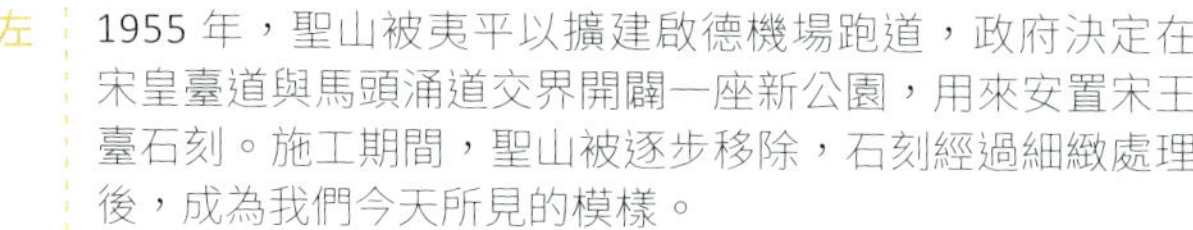

左　1955 年，聖山被夷平以擴建啟德機場跑道，政府決定在宋皇臺道與馬頭涌道交界開闢一座新公園，用來安置宋王臺石刻。施工期間，聖山被逐步移除，石刻經過細緻處理後，成為我們今天所見的模樣。

右　宋皇臺公園位於啟德機場旁、三大幹道交匯處，於 1956 年 7 月動工興建，同年 10 月竣工，並於 11 月正式開放供市民遊覽。公園正門以四根石柱迎接來客，氣勢恢宏。園內沿中軸線布置，盡頭矗立着「宋王臺石刻」，兩側分別設有中英文碑文，銘刻「九龍宋皇臺遺址碑記」，娓娓道出石刻的歷史淵源與遷移歷程。

宋王臺

小結：發展與傳承之間的平衡

宋王臺，見證了南宋末期的歷史，跨越了六百年的歷史風雨，經歷了朝代的興衰，也伴隨了香港的變遷與發展。今天，石刻仍然屹立在九龍，提醒我們在急促的城市化進程中，如何取得發展與保護文化遺產的平衡。在追憶與傳承中，感悟文化的深遠與不朽。

《九龍宋皇臺遺址碑記》英文版

《九龍宋皇臺遺址碑記》中文版

龍城、炮台與海濱

九龍寨城的早年歲月

九龍寨城的歷史淵源

龍城，全名「九龍寨城」，又稱「九龍城寨」，不僅是一個地名，更是一座曾經真實存在的城廓。它的城牆形貌，在二戰前仍清晰可見，是香港歷史中的重要印記。九龍寨城的起源可追溯至南宋時期，經歷元、明、清三代的發展與改建，最終形成一座兼具防禦與行政功能的軍事駐地。

南宋初年，政府因香港盛產食鹽而在九龍東部設立了「官富場」，兼置鹽官主理鹽政，並屯兵以防禦鹽梟的侵襲。根據史載，大嶼山鹽梟勢力強大，甚至組織船隊進攻廣州。為此，宋寧宗於慶元三年（1197 年）調派三百名「摧鋒水軍」駐守[1]。隨後部分戍兵減少，駐紮於官富場一帶，並在北側的白鶴山南麓築營，稱為「官富寨」。本篇刊載了不少朱翁收藏的珍貴照片，從中可以一睹昔日九龍寨城的風貌。

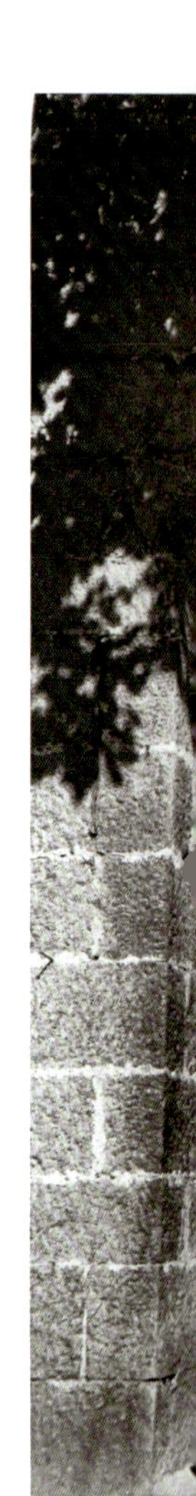

1 《古今圖書集成．職方典》，卷一千三百九十三；明天順盧祥《東莞縣志．卷一》〈山之大奚山〉：「（慶元三年）……諸司請於朝，差摧鋒水軍三百名往戍焉，每季一更。然兵戍孤遠，久亦生事。慶元六年，復請減戍卒之半，屯於官富，宋季悉罷。」

右　九龍寨城的正門雖是南門，但當年的日常主要出入口卻在東門，因為東門連接大街，能直通龍津碼頭。照片攝於 1932 年，清晰可見城門上有兩塊花崗岩石額，一塊刻上「九龍寨城」，另一刻「南門」。從城門向內眺，最右是一道照壁。這道獨立牆壁一般位於建築中軸線的前端，是中國傳統建築的典型設計，旨在遮擋視線，免被人窺見內部全貌。照壁左側的是三聖廟，而更靠左的則是廣蔭老人院的外牆。

左　攝於 1938 年 5 月 12 日，捕捉了南門入口處一景。

到了元代，官富場產量未如理想，鹽場消失，改設巡檢司，亦稱「官富巡司」[2]，至明代又改為「官富巡檢司」[3]。清代康熙帝下遷界令，官富巡檢司被廢。包括九龍村[4]在內的無數沿海村民被逼捨棄家園，向內陸遷移。遷海令取消後，重新復界，又設官富巡檢司，管轄範圍包括香港島。原九龍村已作為駐兵之所，設「九龍台」為烽火台及防守海岸之用。後改為九龍汛，駐有汛兵。至嘉慶十五年（1810 年），佛堂門有炮台一座（今東龍洲炮台），廣東水師提督錢夢虎認為炮台日久失修，孤懸海外，又無陸路可通，提議移建至九龍汛，命名為九龍寨炮台[5]。清廷又把位於大鵬灣大鵬城的將領調到九龍寨駐守。

2 清康熙靳文謨《新安縣志．卷六》〈田賦志．鹽課〉：「鹽場在縣境內者，舊有四場：曰東莞、曰歸德、曰黃田、曰官富。迨元，改官富為巡司，其鹽課冊籍附入黃田場。」

3 明嘉靖王佐《廣東通志．卷三十二》〈政事志五．弓兵廣州府巡檢司〉：「……官富巡檢司，在縣南二百八十里，舊為官富寨，洪武三年改。」

4 「九龍」一名之由來，歷來眾說頗多，本文未擬就此作論述，讀者可自行參考坊間著作如蕭國健《寨城印痕：九龍城歷史與古蹟》及魯金《九龍城寨簡史》。

5 清道光阮元《廣東通志．卷一百二十五》〈建置略一〉

昔日寨城的東、南、西三面城牆共設置了三十二尊大炮。北牆依山而建，沒有置炮。上圖是朱翁收藏了的古炮照片，（左）照片攝於 1936 年 2 月 19 日。兩位小孩坐在炮上嬉戲，可見九龍寨城演變成三不管地帶後，大炮隨處散落。（右）照片攝於 1940 年 1 月 28 日，事隔四年，這時大炮配置了炮台。

白鶴山，又稱鶴嶺，據說昔日有白鶴一雙棲止石上；居民則因寨城背靠此山而稱「後便山」。白鶴山曾是採石要地，寨城牆石材多取自此山。九龍寨城的北面城牆依白鶴山而建，巧用山勢，無需設置炮台。山頂有一「交椅石」，相傳宋端宗避難時曾以此石為「龍椅」。也有一說是宋末王后與宮眷駐紮官富場期間，在此石上梳洗妝扮，故又稱「梳妝石」。戰後政府移平白鶴山，開發東頭平房區，興建聯合道，現時為美東邨所在地。此照攝於 1937 年 10 月 27 日。

九龍寨炮台的興建與鴉片戰爭

修築九龍寨炮台不久，第一次鴉片戰爭（1839 年）便爆發。英國駐華商務總監義律（Charles Elliot）率艦隻偷襲。炮台發揮海防功用，擊退英人。不過道光二十二年（1842年），清廷還是戰敗了，被逼簽訂《南京條約》，將香港島割讓予英國。次年，欽差大臣及兩廣總督耆英上書道光帝，建議改官富巡檢司為九龍巡檢司，聯同大鵬協副將駐守九龍寨，以加強海防及緝私。由於當時九龍寨尚未有正式的城池，耆英又另行上書，獻策築城。按記載，道光帝於二十六年六月（1846 年 8 月）批准，九龍寨城隨即動工，只用幾個月便建成。

九龍寨城位處白鶴山南麓，地勢平坦堅實，遠離民居，既避潮汐，又利風水。寨城周圍共 180 丈（按清康熙後頒行的營造尺換照，1 丈為 3.2 米），城內橫量 70.7 丈，直量 35.2 丈。城又開東、南、西、北四門，上設敵樓和鐵閘，當中以南門為主門。城牆上又有城垛一百一十九座，各高 5 尺。城內有水池及水井，街道鋪設石板。建築物方面，有龍津義學、九龍司巡檢衙署、大鵬協副將府、三聖廟、武帝廟、演武亭、大校場、軍裝局、火藥局、兵房等。為隔開軍兵及居民，設計上便將寨城的東南及西南闢為民居。[6]

寨城坐北向南，背靠白鶴山，城外有龍津石橋。石橋全長 60 丈，寬 10 尺，建於同治十二年（1873 年），歷時兩年竣工。橋身堅實，設計典雅，是當時連接海灣與寨城的重要通道，通往南門的必經之路。光緒十八年（1892 年），石橋又進行了延伸工程，在原有基礎上再加建 24 丈的木

6　詳見《勘建九龍城砲台文牘選》

橋段，橋頭設計成「T」字形，寬 1 丈 2 尺，使通行更便利。

石橋旁還興建了一座稱為龍津亭的建築，又名接官亭。此亭分兩層，結構精巧，是當時官員迎賓送往的場所。據載，清光緒二十七年（1901 年），醇親王載灃訪港時，龍津亭前曾舉行盛大的官式歡迎儀式。有研究指「龍津」寓意「聚龍通津」，指城門前的橋樑匯聚龍脈之氣，符合中國古代建城選址講究風水的傳統，旨在「聚龍藏氣」，為寨城帶來祥瑞。

龍津石橋不僅是交通要道，還承載重要的政治與經濟功能。清末九龍半島割讓後，石橋成為中國官員由水路進入寨城的唯一通道。在經濟層面，石橋建成後，附近商肆更為興旺。民國十七年（1928 年），港英政府為興建九龍城碼頭，拆除

上　此照攝於 1936 年 8 月 25 日。1 為廣蔭老人院，前身是建於 1847 年的九龍寨城衙門，原為九龍司巡檢的辦公處。清廷駐兵撤離後，衙門被改為多種慈善用途，包括老人院、孤兒寡婦收容所、義學與診所。衙門門楣上寫有「ALMSHOUSE」（意指濟貧院）及「廣蔭院」的名稱。廣蔭院由聖公會牧師鄺日修於 1906 年創辦，他目睹寨城貧苦老人的困境，以年租一元向政府租用衙門，為無依老人提供食宿與關懷。2 是三聖廟的一角。

下左　此照攝於 1933 年 7 月 22 日。

下右　拍攝日期不明。

獅子山下的菜田裏，有一些小型工場散立其中。照片攝於 1931 年 5 月 6 日。

石橋南端，改建鋼筋水泥結構。1940 年代，石橋因九龍灣填海與日佔時期啟德機場擴建而被淹埋，逐漸淡出人們視野。2008 年，土木工程拓展署為啟德發展計劃進行考古探勘，在前啟德機場北停機坪發掘出石橋遺址，橋墩與塵封的歷史重見天日，喚醒這座古橋半世紀前的輝煌記憶。

龍津義學是由清廷官員捐款創辦的學堂，設有講堂、學舍與祭祀廳，教授四書五經，兼作鄉公所與娛樂廳，身兼議事、節慶與社區聚會的多重功能。義學的設立旨在「移民實邊」，吸引漁農與採石新住民定居寨城，為駐軍提供糧食物資，類似現代新市鎮以學校促進人口聚居的策略。清道光二十六年（1846 年），九龍司巡檢為鞏固邊防，推動義學建設，招募新住民從事漁業、農業與採石，支撐寨城經濟。龍津義學與魁星閣相得益彰，共同構成寨城的文教核心，承襲《史記》所述「鄒、

龍津石橋照片中的淺灘就是九龍灣海濱，橋盡處的海岸線，約相當於今日衙前圍道口。攝影師所站之處，大約位於亞皆老街與太子道東交界。

魯……俗好儒，備於禮」的儒學傳統。

魁星閣建於光緒二十三年（1897 年），位於龍津義學正門廣場對面，與照壁相連，是一座雙層建築，供奉文人之守護神魁星，寄託學子科舉順利的願望。魁星閣由地方鄉紳與九龍司巡檢許文深、副將黃鵬年等官員捐資興建，內設魁星神像，吸引無數讀書人祈福。

惜紙亭由張玉堂於咸豐九年（1859 年）捐資興建，他以個人俸祿資助建設，旨在教化九龍鄉民尊崇文字，傳承中國敬惜字紙的傳統。張玉堂文武雙全，親自為惜字亭題寫《敬惜字紙銘》，闡述建亭緣由，並以「拳書」創作「墨緣」、「簥」等匾額及對聯，裝點亭內，字體遒勁，氣韻非凡。惜字亭內設有兩座焚化爐，專供焚燒收集的字紙。

敬惜字紙的傳統源於宋代，與文昌帝君信仰及科舉文化密切相關，

九龍寨城的中心地帶是文教與社區生活的樞紐。這兩張照片攝於 1935 年 9 月 22 日，展示了高聳的照壁與寨城最高的建築 —— 魁星閣。照壁上鐫刻「海濱鄒魯」四字，每字高約 2 米，由鎮守寨城的大鵬協副將張玉堂以「拳書」技藝書寫。這四字讚頌寨城學堂如儒學昌盛的鄒魯之地，呼應北宋陳堯佐詩句「海濱鄒魯是潮陽」，比喻九龍寨城猶如潮汕、福建等沿海文化名城，匯聚智慧與禮教。

上　攝於 1933 年 2 月，捕捉了龍津義學門前的一場排球賽，左側那座三進式的書院式建築，正是 1847 年與寨城同期落成的龍津義學。

下　攝於 1940 年 2 月 23 日，一窺九龍寨城東面的上沙埔村。昔日，沙埔村分為上沙埔與下沙埔，上沙埔位於今天東匯邨一帶。日佔時期，日軍為擴建啟德機場，拆除了下沙埔，上沙埔則倖免於難，保留了村落原貌。1962 年，政府決定清拆沙埔村，在原址興建東頭邨第 23 座徙置大廈，後來再重建為東匯邨。

體現了古人對文字的尊崇，認為寫有字的紙張不可隨意丟棄或混雜，需收集於字紙簍，焚化為字灰，再送至江海，稱為「送字紙」。惜字亭不僅是焚燒字紙的場所，還承載了教化鄉民、維護環境清潔的使命，成為寨城文化的一道風景。然而，這座惜字亭已隨寨城清拆而消失。為紀念它的歷史，九龍寨城公園於 1990 年代重建惜字亭，並將張玉堂的「敬惜字紙銘」重刻於碑，立於新亭旁，而「墨緣」與「籌」字石刻則嵌於寨城衙門門牆。

九龍寨城主城門上有「南門」及「九龍寨城」兩個匾額。其中「九龍

這兩張照片攝於 1935 年 8 月 4 日。記錄了九龍寨城內一座獨特的建築 —— 敬惜字紙亭，簡稱惜字亭。(右)照片中可見橫匾與其中一爐。張玉堂僱人定期於寨城內外拾取廢棄字紙，送至亭內焚化，以示對文字的敬意；書面左側大榕樹下，散落着幾條長石條，靠近城牆處有一列石基，這便是大鵬協鎮公署的原址。公署在毀塌後，曾遷至廣蔭院辦公。

寨城」那塊，兩邊均有題刻，上款書「道光二十七年季春吉日」，下款刻有三位官員的名銜：廣東巡撫部院黃（恩彤）、太子少保兩廣部堂宗保耆（英）、全省提督軍門呼爾察圖巴圖魯賴（恩爵），他們三位是建城工程中領頭捐款最多的官員。

上　南門城牆的雉堞，攝於 1935 年 8 月 4 日。

下　東門與門上其中一堵牆，攝於 1938 年 2 月 2 日。

中英租借與九龍寨城的主權爭議

1898 年 6 月 9 日，中英簽訂《展拓香港界址專條》，英國向清廷租借界限街以北至深圳河以南及附近大小二百三十五個島嶼的土地，劃為新界，期限為九十九年。《專條》雖已簽訂，但界線尚未劃清。李鴻章代表清廷與英國簽署此租約，並力爭保留九龍寨城，不願劃分予英國，藉此為清廷保留一片象徵主權的土地。根據 1860 年簽訂的《北京條約》，英國同意清廷派官員繼續駐紮在九龍寨城，維持原有的行政與治安管理。然而，局勢很快發生變化。

翌年 3 月，中英雙方終於簽署了《香港英新租界合同》。但以屏山鄧氏為首的新界鄉民卻反對英國接管，於 4 月 14 日爆發武裝抗爭，是為「新界六日戰爭」。英方以此為藉口，於 5 月 16 日派軍隊強行驅逐九龍寨城內的官吏、兵將，在城內升起英國國旗，更強行關閉九龍海關，意圖徹底掌控整個地帶。光緒二十六年六月十日（1900 年 7 月 17 日），李鴻章與港督卜力（Henry Arthur Blake）會面，表示決不放棄清廷對九龍寨城的主權與治權，強硬的外交態度，使英方最終選擇撤出九龍寨城，放棄直接管治。

清拆與重生

清廷雖保留了名義上的主權，卻因內憂外患，再無力派官員實際統治九龍寨城。結果，九龍寨城逐漸演變為一個特殊的「三不管地帶」：清廷無力管理，英方不予干涉，當地居民就在不受正式管轄的這片土地上自行生活與發展。

漫長歲月，九龍寨城經歷了多次重大變遷。日佔時期，日軍拆毀城牆以擴建啟德機場，並淹埋了龍津石橋；戰後，隨着大量難民湧入香港，寨城逐漸成為密集的非法建築聚集地。

九龍寨城的命運與二十世紀一同進入尾聲。1987 年 1 月 14 日，港英政府正式宣布全面清拆九龍寨城，僅保留衙門等具歷史價值的建築，並

南門懷古遺跡。清拆寨城期間，經考古勘查人員挖掘後發現東門與南門的牆基及石板通道依然保存如初，更在南門原址發掘出兩塊石額，分別鐫刻「南門」與「九龍寨城」字樣。1996 年 10 月 4 日，南門遺跡正式被列為香港法定古蹟。

計劃將原址改建為公園。同時，政府宣布香港法律自即日起適用於九龍寨城，結束這片長期不受正式管轄之地的歷史。1993 年，當局要求居民遷離，違章建築陸續被拆除，至 1994 年 4 月，拆卸工作全部完成，寨城舊址化為一座仿清代江南庭院風格的九龍寨城公園。

拆除過程中，古物古蹟辦事處進行了考古挖掘，在南門原址發掘出兩塊石額，分別鐫刻「南門」與「九龍寨城」字樣，證實古城本名為「九龍寨城」，而非民間慣稱的「九龍城寨」。此外，還發現了城牆殘存的牆基、一條沿寨城內牆走的排水溝及旁邊的石板街。其他少量文物，如古炮、石樑、對聯和柱礎，也被小心保存下來。

小結：追憶消失的九龍寨城

在九龍寨城公園內，保留了於 1996 年被列為香港法定古蹟的南門遺蹟和衙門，還有兩尊大炮。除此之外，寨城的一切都在時代巨輪的碾壓下，逐漸變得模糊，最終消失無蹤，令人感慨。即使是電影大螢幕重現的九龍寨城，也不過是虛實交織的光影。

上　位於九龍城區東頭村道與東正道交匯處的九龍寨城公園，是 1987 年香港政府與中國政府協商清拆九龍寨城後，在原址精心打造的綠地。公園力求保留寨城的部分歷史遺跡與建築特色。今日公園的南門較昔日的南門位置略向左偏移，入口前方豎立一道照壁，上面刻有公園歷史的碑記。

下　現時置放在九龍寨城公園的兩尊大炮，上面炮身的鐫文顯示它們是在嘉慶七年（1802 年）所鑄。

石上留痕 歷史絕響

隨風遠去的一筆鵝

在九龍城侯王古廟（下稱侯王廟）旁的巨石上，曾鐫刻一枚「鵝」字，字體渾厚，筆力遒勁，名為「一筆鵝」。這塊石刻由清末秀才張壽仁於光緒十三年（1887 年）創作，是清代九龍書法與雕刻的珍品，與古樸的侯王廟相輔相成，成為九龍城的文化地標。「一筆鵝」不僅是藝術遺跡，更蘊藏着清末九龍的信仰、經濟與社會記憶。

「一筆鵝」的創作與張壽仁的書法

「一筆鵝」誕生於清光緒十三年（1887 年），出自九龍城西頭村 36 號的秀才張壽仁之手。據黃佩佳《新界風土名勝大觀》記載，張氏學識淵博，深受鄉里推重，約於光緒二十三年（1897 年）去世，年僅四十。他選定侯王廟旁一塊巨石，寬約 3 米，高近 6 米，石面平整，題寫「鵝」字，設計匠心獨運：上部為「我」，下部為「鳥」，筆畫一氣呵成，形似白鵝振翅，鵝眼以雙圈勾勒，與石面紋理相融，展現了書法與雕刻的精妙結合。石刻兩側配對聯：「古石書鵝摹逸少，名山駕鶴仰侯王」，上款註「光緒十三年歲次丁亥首夏穀旦」，下款署「羅浮山黃龍觀道人何星祥胡昰乾勒石，東莞黎慶曾書，匠人謝賢邦鐫」。對聯借東晉書聖王羲之愛鵝的典故，融入白鶴山與侯王廟的地理與信仰背景，文意深遠。

這兩張照片分別攝於 1935 年及 1938 年。這是一件融書法與雕刻於一體的藝術品，「一筆鵝」獨樹一幟。對聯「古石書鵝摹逸少，名山駕鶴仰侯王」從文化與地理兩個層面深化了作品的意涵。其中「摹逸少」意指東晉大書法家王羲之。王羲之愛鵝，千年文壇雅譽。下聯「名山駕鶴仰侯王」點出侯王廟所在的白鶴山。「駕鶴」象徵超脫塵世，與白鶴山的靈氣相連。「仰侯王」則致敬侯王廟供奉的護駕忠臣楊亮節。白鶴山的地理神韻與楊侯王的忠義精神交織，映照九龍城清末的信仰與文人風範。

張壽仁的書法作品遠不止於此。他於光緒二十一年（1895 年）撰寫《廟道橋路碑記》，光緒二十二年（1896 年）創作「廟道」石額，並於 1920 年為侯王廟題寫門額。可惜，除門額外，其餘作品皆已佚失。1970 年代，「一筆鵝」獲摹刻，但因技術或資金限制，沒有保留張氏落款，未能完全還原它的歷史價值。光緒十四年（1888 年），另一署名為鳳山的文人在附近巨石上題寫「鶴」字，配以澍桂盧潤華書的對聯：「道古仙巖歸鶴嶺，侯王顯赫鎮龍城」，上款「光緒十四年戊子春月穀旦立」，此石同樣為謝賢邦鐫刻，幸好未受破壞，至今仍在。如果歷史能夠重來，「一筆鵝」與「一筆鶴」互相輝映，必定會是一道歷史文化與自然景觀完美交融的奇景。

九龍城侯王古廟

「一筆鵝」石刻的歷史與侯王廟密不可分。侯王廟位於九龍城聯合道與東頭村道交界，建於清雍正八年（1730 年），是一座單層中式廟宇，採用清代常見的兩進一院布局，包含前殿、正殿與中庭，入口前設涼亭，建築簡樸而莊嚴。1917 年，前清遺老陳伯陶撰《侯王廟聖史碑記》。他認為侯王是指宋帝昺的舅父楊亮節。宋末二帝為避元軍追捕南逃，楊亮節護駕有功，卻中途病逝。楊亮節生時封「侯」，死後宋帝追封他為「王」，故稱侯王。士人感侯王忠義，建廟奉祀，祈求庇佑。侯王的真正身份，向來眾說紛紜，另有傳說認為侯王並非國舅，而是醫治宋帝的楊二伯公。宋帝逃難九龍期間，因聞黃麖鳴叫受驚，經楊二伯公醫治後康復。無論如何，兩種說法均與宋帝南遷有關。每年農曆六月十六日的侯王寶誕，香火鼎盛，信眾雲集，是九龍城的重要節慶。

侯王廟的地理位置十分優越，早年四周環境清幽，廟宇後方即是白鶴山，前方則有大片開闊的草地和竹林。廟旁一條名為「廟道」的石板小徑，蜿蜒通向廟前，行走其上，兩旁竹影搖曳，鳥鳴聲聲，宛如步入畫中。清末九龍寨城的官兵常前往拜祭，祈求軍事與地方平安。廟前原有

從九龍寨城北門延伸出一條廟道，蜿蜒通往侯王廟。門樓橫額上刻「廟道」二字，同樣出自張壽仁手筆。廟道小徑鋪石而建，兩側竹林搖曳，鳥鳴清脆，引人步入清幽之境。香客與寨城官兵沿道參拜，祈求侯王楊亮節庇佑，留下了九龍城的歷史餘韻。兩張照片分別攝於 1932 年及 1936 年。

此照攝於 1930 年代，展現九龍城侯王廟另一側的景觀。照片右方清晰可見後殿的「五嶽朝天式」山牆，這種中國傳統封火牆造型沿屋頂斜面層層疊落，呈梯形五峰，宛如山嶽聳立。後殿為後期增建，緊鄰「一筆鶴」巨石，自此增加了觀賞的難度。推測日軍炸毀廟旁巨石時，或因後殿遮擋而未損「一筆鶴」。

一條「廟道」，由九龍寨城西門通向廟宇，方便官兵與居民參拜。光緒二十二年（1896 年），「廟道」重修，石牌背刻「鶴嶺鍾靈」，呼應侯王廟所在的白鶴山（又稱鶴嶺）。

侯王廟歷經多次重修，首次於道光二年（1822 年），次於咸豐九年（1859 年），光緒五年（1879 年）再次修葺。1928 年，華人廟宇委員會接管，進行數次修繕。2005 年 9 月至 2006 年 5 月，耗資四百萬港元的重修恢復了侯王廟的清代風貌，新增詩詞坊、許願閣等設施。廟內石灣陶瓷因香港缺乏修復匠人，而特意運往內地維修後重新裝嵌。2009 年，廟宇列為一級歷史建築，2014 年 10 月 24 日升格為法定古蹟。

戰爭與城市發展的犧牲品

「一筆鵝」的不幸命運，同樣發生在三年零八個月的日佔時期。日軍為擴建啟德機場，拆卸了侯王廟周邊村落。過程中，大量的巨石、磐岩被爆破或運走，刻有「一筆鵝」的岩石亦未能倖免。

這塊石雕的毀滅，連累九龍城侯王廟整體景觀也遭受重大打擊。原本供遊人漫步的小徑被掩埋，不復存在。儘管「一筆鵝」石刻已消失，它的身影仍在一些舊照片中得以保存，記錄了石刻原貌和周圍景觀，成為後人研究九龍城歷史的珍貴材料。

侯王廟築於石製高台上，從右手邊的樓梯拾級而上，便可通往主殿。照片中央下方可見寫有「TO ARMY RIFLE RANGES」的路牌，所指方向相信是 1905 年落成的九龍城靶場。

小結：未被歷史遺忘的一筆

今日，侯王廟旁一座方亭被視為「一筆鵝」原址的象徵，它提醒着遊人，這裏曾經矗立着一塊歷史奇石。「一筆鵝」和侯王廟的歷史密不可分，更曾與九龍寨城互相呼應，不僅是地方歷史的見證，也是集體記憶的重要組成部分。

登高極目蒼茫裏 一嘯臨風萬壑號

獅子山傻人塔

1959 年 3 月的某一個早上，晨曦微光開始照射獅子山東南方的山脊，五名男士從黃大仙竹園村啟程。

他們並非尋常的晨運客，肩上扛着的不是輕便的行囊，而是砂石和各種雕鑿砌疊的工具。他們正努力埋頭於一項前所未有的工程 —— 在獅子山山麓築起一座石塔。他們每日堅持攀登，風雨無阻；八個月後，這座六層石塔終於落成，佇立於獅尾脊高處。事後五人回想，既然大家都取笑他們的行為像愚公移山，「人以為傻，乃以傻人自命」，便索性將之取名為「傻人塔」。

傻人築塔效愚公

曾有山友量度過，傻人塔全高為 13 呎左右，即每層高約 2 呎多，算起來還不及三個成年人疊起來的高度。塔的最底層是基座；第二層記錄了五位建塔者的名字 :「陳一權、黎水皮、曾唯恕、陳普聲、廖之初」；第三層上書「傻人塔」三字，兩旁有聯「積石馱沙欣作塔，遺孫託子效移山」；第四層可見「頂天立地」四字，背面有「雙山抱海浮游鯉，一塔擎天起睡獅」之句，當中「雙山」應為太平山與獅子山，「游鯉」則指鯉魚門。近代有拿破崙提出中國睡獅論，建塔者如此題句，想必有所寄意；餘

3.5
健胃

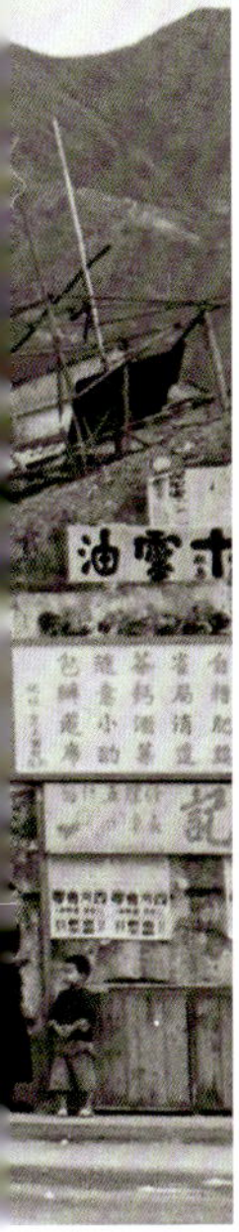

左上　1960 年 12 月 25 日，朱翁與五名學生從黃大仙沙田坳道起步，朝獅子山進發。圖為竹園巴士總站。

左下　獅口內向外望向九龍坳。

右　近距離側看獅貌。

從獅頭處前望獅頭之懸崖，一行人準備攻頂。

下第五及第六層則與基座一樣無字。

顯然傻人塔並非一座雄偉壯觀的建築，但卻迅速成為社會的焦點。1959 年 11 月 18 日的《華僑日報》報道了這一消息，讚嘆傻人塔落成後，香港市民從此多了「又一雅遊之地」。五人建塔之舉，甚至也驚動了政府，華民政務司預告會派出高級官員，聯同建造者代表曾唯恕及竹園村的街坊會代表登山視察。報道最後提到，傻人塔只是起點，尚待建設之景物仍多，例如龜石、風兩岩、鱷魚石等。獅子山正等候亭台池沼來點綴，曾唯恕一行人希望社會人士捐輸及支持，有錢出錢、有力出力，期望達成一個純粹由市民自發建造的風景區。

重重謎團惹人疑

歲月流轉，傻人塔終究難逃崩塌的命運。石塔如今斷為幾截，殘骸零落於山間。朱翁曾寫道，有人指那是因為塔基不穩，無法抵禦颱風侵襲；也有人認為，傻人塔遭蓄意破壞，或許與當時左派對國民黨的敵視有關。言下之意，五位建塔者可能是右派人物。歷來研究香港風物掌故者普遍相信，像「黎水皮、廖之初」這些看來兒戲的稱呼，不過是化名而已。即便如此，如今我們仍能從昔日的照片中感受到「傻人」的堅持與豪情壯志。尤其是曾唯恕，這位寫得一手好「顏體」（書法家顏真卿獨創的楷書字體）、熱愛書法與詩詞的老人，或許早已年逾六十，卻仍然擁有對夢想與自由的憧憬。我們可以想像他登山時帶同大筆和白色油漆，在沿脊的岩石上題寫詩句，舒發感

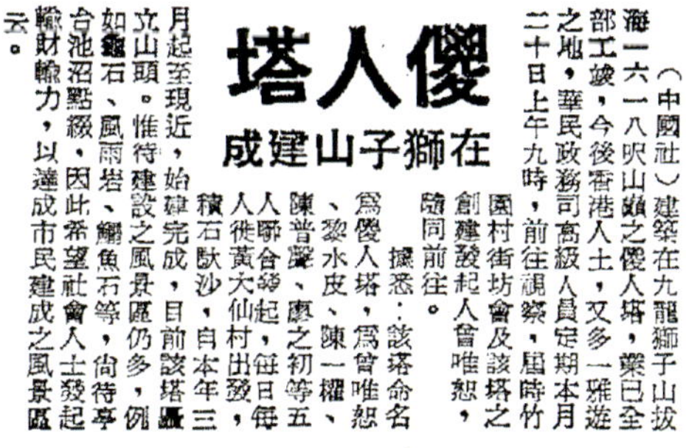

傻人塔
在獅子山建成

（中國社）建築在九龍獅子山拔海一六一八呎山巔之傻人塔，業已全部工竣，今後香港人士，又多一飛遊之地，華民政務司高級人員定期本月二十日上午九時，前往視察，屆時竹園村街坊會及該塔之創建發起人曾唯恕，隨同前往。

據悉：該塔命名，為傻人塔，為曾唯恕、黎水皮、陳一權、陳普聲、廖之初等五人聯合發起，每日每人從黃大仙村，出發積石馱沙，自本年三月起至現近，始肆完成，目前該塔矗立山頂。惟待建設之風景區仍多，例如龜石、風雨岩、鱷魚石等，尚待亭台池沼點綴，因此希望社會人士發起輸財輸力，以達成市民建成之風景區云。

上　傻人塔共有六層。第二層寫有建塔五人之姓名，第三層則有「傻人塔」三字。

下　1959 年 11 月 18 日的《華僑日報》報道了傻人塔落成的消息。

錄自星島晚
咪笑傻人渴咁癲
傻々戇々樂陶然
傻人塔頂雲遮日
獅子山頭霧化烟
避雨避風難避債
欺山欺水莫欺天
天堂無限風光好
何必忙々猛揾錢
曾唯恕

上　曾唯恕在岩石上題寫的詩句，往往蘊含了他對人生與世事的深刻體悟。「路債」或許是他對前半生未完成志向或責任的隱喻，像一筆未清的債務，驅使他每日揹負砂石，攀登崎嶇山路。「苟安那敢忘憂患」一句，流露出他憂心時代動盪，不願苟且偷安。「髀肉重生益汗顏」則兼具自嘲與自豪，典故原指久不騎馬、腿肉增厚，形容安逸無為的生活。然而，曾唯恕在此反用其意：年逾六十的他，勞苦奔波，大髀肉因辛勞而重生，汗流滿面卻倍感自豪，展現堅韌不拔的精神。

中　「咪笑傻人得咁癲」，似是曾唯恕回應外界嘲笑，自稱「傻傻戇戇」，卻在這「癲狂」中找到滿足。「避雨避風難避債」卻又將他拉回現實，感嘆重擔難逃；「欺山欺水莫欺天」則顯示他對命運的敬畏，告誡大家莫以為能逃過恢恢天網。最後「天堂無限風光好，何必忙忙猛搵錢」之句，展現他的超脫態度，寧求山間寧靜而非名利，這份豁達或許是傻人建塔的動力。

下　曾唯恕在岩石上題寫的詩句偶爾展現玩味風格，例如他在己亥年（1959年）寫下的賞月詩，便以迴文體呈現，如「一輪明月正多情，月正多情感倍生，情感倍生憎此夕，生憎此夕一輪明」，便巧妙融合迴文與連環之技，先從首句連環誦讀至末，再從末字倒回開頭，形成反覆迴旋的詩格，既抒發月夜情懷，又透出幾分詼諧。

懷。「少小驕矜憚任勞，六旬傻勁反增高。馱沙作塔山丘上，笑撚蝦鬚足自豪。」、「不畏巉岩自往還，獨彈新調上高山。騰空久恨無雙翅，尋得傍雲霄展笑顏。」、「少壯襟懷屢拔刀，老來豪氣未全消。登高極目蒼茫裏，一嘯臨風萬壑號。」、「乍見浮屠影，如鞭策睡獅。一醒驚百獸，深意繫人思。」…… 既有發人深省處，也不乏教人忍俊不禁的神來之筆。

「傻人」又非常體貼，在最初攀爬之處，寫上「歡迎」二字；在峻峭之處，畫上「天梯」，題寫「行之非艱」；當遊人爬到氣來氣喘之際，抬頭一看，便見鼓勵之句：「雙手萬能、人定勝天」、「哈哈，到了！」、「不苦苦無盡，苦苦苦有終，苦盡甘來日，方知苦有功。」沿山所題詩文章句，多至二三十處，真可謂琳瑯滿目。

上左　「歡迎」二字寫於山腳，前往傻人塔之旅由此啟程。

下　看到天梯石，便知道距離目標不遠了。

上右　靠雙手無所不能，憑意志終能勝天。苦盡之日，才知辛苦不白費。

小結：傻人體現的獅子山精神

獅子山，這座海拔 495 米高的山峰，如雄獅蹲伏般守護港人，是香港最具標誌性的山峰。「獅子山下」的説法亦深入民心，早已成為香港的精神象徵，凝聚了無數人的情感。獅子山的險峻與壯麗，見證了城市的急速變遷。傻人塔雖然已經塌下，但那些曾經被寫在山脊上的詩句，仍留存在歷史的記憶中，等待我們喚醒起來。建塔者愚公移山般的「傻勁」在今天看來或許是荒唐，但他們的堅毅與執着，告訴我們在這個世上，有些人注定會選擇一條與眾不同的道路，來尋找屬於自己的意義。即使這條道路上，只有風雨與詩句相伴。

沿山所題詩文章句，多至二三十處，真可謂琳瑯滿目。它們不只是「傻人」一時快意的塗鴉，亦非言之無物的粉飾，而是他們縱使久歷滄桑後仍然不肯放棄尋求自我實現的內心獨白。

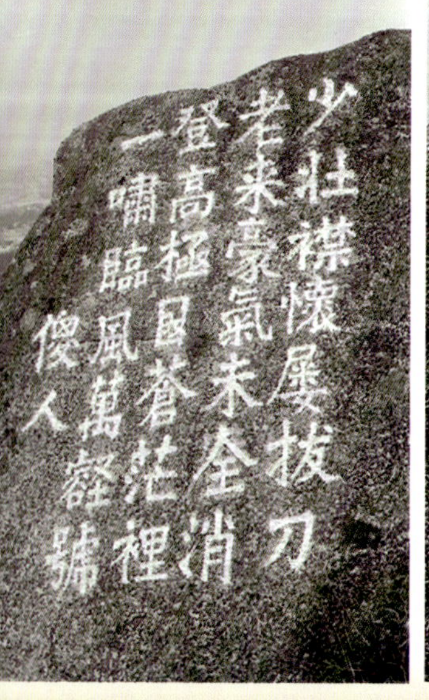

朱翁 1970 年代舊地重遊，石上詩句仍然清晰可見。

第二章

新界篇

屯門雖云高 亦映波濤沒

青山風光無限好

1961年2月12日，朱翁與新成立不久的海馬划艇會一眾行侶，極西長走環繞青山。他們早上十點從新墟出發，經楊小坑、青山腳、白角紅樓、柴灣仔、望后石、小冷水向西行，再過踏石角，抵達龍鼓灘，然後北上走湧浪、曾咀、稔灣，最後向元朗下白泥、石崗及屏山進發。途中經過長灘連接，山海境觀百變，教他印象猶深。此照攝於剛出發時，從新墟望向青山。右方小山丘上的是大興紗廠。

談及屯門，不少人仍然會聯想到它是個遠在西北的角落，俗稱大西北，遠離市區，交通不便，多少有點負面的意義。的確在西鐵(今屯馬線)開通前，進出市區全靠青山公路與屯門公路，開車路遠，巴士慢悠悠，遇上塞車，路程更像跑了一場馬拉松這麼久。然而我們可別小看這地方，屯門畢竟是香港歷史最悠久的地區之一。六千年前新石器時代，這片土地已有先民的足跡；漢代文物出土，唐代史籍更明確記載其名，屯門不僅是香港最早見諸史冊的地點，它的名稱與角色也在時代變遷中幾經更迭。

遠望楊小坑。楊小坑原名羊水坑，大概是當地有一條像羊腸蜿蜒而下的小溪流。前方梯田現時已發展為香港專業教育學院屯門分校及楊小坑錦簇花園。

1973 年，屯門被定為新市鎮，填海造地，高樓林立，人口從 1961 年的二萬飆到現在五十四萬，以十八區人口數目計，排名第四。從漁村鄉鎮到新市鎮，變化翻天覆地。如朱翁所言，走進屯門，就像翻開一本歷史書，每個角落都有驚喜，讓人忍不住想一探究竟，感受這地方的獨特魅力。

上　自填海發展後，后角天后廟已不再望海，取而代之的是工廠大廈。朱翁拍攝的地方，大約位於今天的洪祥路。可以見到廟前的兩株蒲葵樹，已不復存在。廟前空地鋪上石屎磚塊，搖身一變成為天后廟廣場。

下　廟側有鄉人以金豬祭祀土地。朱翁聯想到昔日讀《史記》〈滑稽列傳淳于髡〉:「今者臣從東方來，見道旁有禳田者，操一豚蹄，酒一盂，祝曰:『甌窶滿篝，污邪滿車，五穀蕃熟，穰穰滿家。』」以薄禮祈求豐收，成語言「豚蹄穰田」者也。

屯門乃屯兵之門

「屯門」這名字，最早出現在唐代，意思是駐兵的關口。《新唐書 · 卷四十三上 · 地理志》「嶺南道廣州南海郡」條下註：「有府二：曰綏南、番禺。有經略軍，屯門鎮兵。」《唐會要 · 卷七十三》「安南都護府」條亦載：「開元二十四年（736 年）正月，廣州寶安縣新置屯門鎮，領兵二千人，以防海口。」唐朝在此設軍鎮，守衛珠江口，屯門之名，就是從這來的。

縱觀古代地圖與史料，屯門有不少別稱。明萬曆九年（1581 年）《蒼梧總督軍門志》〈全廣海圖〉標為「屯營」；1866 年意大利傳教士和神父（Simeone Volonteri，又名安西滿，今人多採音譯獲朗他尼）繪製的《新安縣全圖》時，則記作「團門」。因為有青山這座大山聳立，英國租借新界後，將此地統稱「青山」。直到 1973 年，政府決定用「屯門」命名新市鎮，這名字才正式回歸。

史籍上所說的屯門，到底是今天的屯門，還是別的地方？史學家早年對此頗有爭議，大致上可歸納為「屯門即屯門說」與「屯門即南頭說」兩派。前者證據較多：明正德年間（1506 年至 1521 年），廣東進士陳文輔稱「海之關隘，實在屯門澳口，而南頭則切近之」；明萬曆《粵大記》〈廣東沿海圖〉繪屯門於聖山（今青山）東、掃管笏（今九徑山）西，嘉慶《新

青山灣一隅。

現時位於散石灣北路 3 號的屯門兒童及青少年院，前身是青山兒童感化院（俗稱青山男童院）。有說男童院 1958 年正式投入服務，不過根據 1956 年的政府地圖，可見當時已有標明為男童院的建築物。

安縣志》記「九徑山在縣南四十里，下臨屯門澳」，皆指今日屯門位置。而「屯門即南頭說」主要以清顧炎武《天下郡國利病書》為據，稱「東莞南頭，古之屯門鎮」，但明清以前無此記載。

波濤古鎮 青山遺響

前面提到，屯門的歷史可上溯至六千年前的新石器時代。龍鼓洲、龍鼓灘與湧浪等地皆曾發現相關時期的遺存，顯示已有先民在這範圍內活動。漢代文物如陶罐、紡織物與五銖錢在龍鼓灘與掃管笏出土，足見漢時屯門已有聚落。安史之亂後，陸上絲路受阻，海上絲綢之路興起，廣州成為起點，屯門則因地理優勢脫穎而出。唐代珠江口西岸多淺灘，東岸深水航道通達，屯門作為商船入珠江前的最後深水港，是中外船舶

停泊處。賈耽《古今郡縣道四夷述》記：「廣州東南海行，二百里至屯門山。」宋代周去非《嶺外代答》稱：「其欲至廣者，入自屯門。」商船都在這裏候風休整，屯門因此成為廣州外港。

唐代文人亦留下對屯門的描述。韓愈《贈別元十八協律六首·其六》寫道：「屯門雖云高，亦映波濤沒。」劉禹錫《踏潮歌》云：「屯門積日無迴飆，滄波不歸成踏潮。」這是詠及香港的最早文學作品。二人是文學大家，詩句傳唱中原，反映屯門已是當時知名之地。

五代十國時期，中原動盪，南漢（909 年至 971 年）割據嶺南。當時，屯門不僅是南漢政權的軍事據點，還因港口地位，成為南漢與海外貿易的關鍵節點。南漢雖偏安，卻憑藉屯門掌控海上通道，維持經濟命脈。

散石灣沿海風景，位置大約在今天富健花園的一段龍門路。耕地名散石坑。

THE CASTLE PEAK PAK KOK PIG
RAISING CO-OPERATIVE SOCIETY LTD
青山白角養豬有限責任合作社

青山白角養豬合作社。

除了軍事地位之外，自南北朝劉宋時代起，青山更躍升為佛教聖地。相傳宋元嘉年間（424 年至 453 年），杯渡禪師渡海南下，來到屯門憩息，繼而築居修行。後人為紀念禪師，將他踏足的這片山頭，稱為杯渡山；又在山上建寺、造像，以志永垂千古。

客族開荒與墟市興衰

南宋末年，相傳宋帝昰與陸秀夫逃避元兵追逼，曾避難於屯門龍鼓灘，棲身於一塊大石後，留下「皇帝巖」遺跡。元末，因中原動亂，江西與廣東氏族開始遷入屯門，例如陶氏從廣西遷來，建立泥圍、青磚圍與屯子圍。屯門逐漸從商港與軍鎮轉為漁農鄉村，居民以耕漁為生，村落圍繞青山與九徑山展開。

康熙年間，朝廷頒布遷海令，沿海居民需內遷五十里。居民被迫離鄉，房舍田地盡毀，屯門頓成荒廢之地。復界後，陶氏等本地氏族重返故里，重建之路艱辛，二十年後才稍見起色。為復甦沿海生機，清政府鼓勵客籍人士開荒。客家人從江西、福建來，開墾青山灣、龍鼓灘，屯門範圍由此擴大。

位於沙埔崗的龍鼓灘天后廟（左）和知行學校（右），學校現已改作龍鼓灘村公所。

前方為踏石角，右方有小坳轉出龍鼓灘。這一帶已發展為青山發電廠，1982 年落成，是香港最大的發電廠。

復界後，屯門漸興墟市，舊墟、新墟與三聖墟各具特色。舊墟位於青山灣西岸，陶氏與漁民共建天后古廟，康熙三十六年（1697 年）擴建，成為漁商交易中心。廟背小丘，面向海口，稱「后角天后廟」，內奉財神與金花夫人，並存康熙年間製銅鐘一口。新墟於 1900 年形成，位於屯門灣北面，當時人口約二百至三百人。1920 年青山公路全面峻工後新墟更旺，1930 年代本土旅行家黃佩佳記載，那裏店肆林立，有布販、雜貨與茶居。三聖墟則因三聖廟（本稱聖廟）得名。三聖廟 1921 年建成，廟內奉祀儒、釋、道三教祖師及神像，位於青山灣麒麟崗。三聖墟同樣受惠於青山公路通車，漁民交易漁獲，熱鬧一時。

照片中的小島為老鼠洲。1963 年 3 月 8 日的《華僑日報》報道，有遊人在老鼠洲小山崗上發現多具屍體。政府得悉後派人察查，拾獲的遺骸以嬰兒和小童數目最多，也有人骨及狗骨。報道引述青山灣居民所說，可能是漁民將夭折的嬰兒及小童屍體棄置在老鼠洲上，避免申報的麻煩。現時這片海域已填成陸地，發展為安定邨、兆麟苑、恒福花園及三聖邨。老鼠洲所在位置成了兒童遊樂場。最右方是三聖墟及青山灣泳灘，當時沿岸一帶棚屋、漁船甚多。左方可見位於青山公路的第二代青山警署（第一代警署在新墟），現時為恆豐園；最左的則是恆泰毛巾廠，現為冠峰園。當時青山公路往上山坡有不少寮屋群，之後在發展時陸續清拆。

嘉慶版《新安縣志》記載有花香爐村，在龍鼓灘後面較高海拔處，不過已成廢村。現時龍鼓灘內村落又可細分為南朗、北朗、篤尾涌、沙埔崗、龍仔，他們很可能是從花香爐村搬到近海灘位置。龍鼓灘隱於新界西北盡頭，綿延的沙灘勾勒出靜謐海岸。那處水質欠佳，不宜游泳。然而，龍鼓灘上開闊的視野令人着迷，使它與白泥齊名，成為香港追逐日落的絕佳地點。偏遠的地理造就了人煙稀少的寧靜，卻也引來政府將各種厭惡性設施安放到這裏來，使環境日漸惡化。

上　照片中可清楚看見白角村及蝴蝶灣南灣的景色。蝴蝶灣之名源於其形貌，從高處俯瞰，宛若一隻展翅之蝴蝶，極為神似。中央凸出之海角便是白角，又名北角，即是現在美樂花園的位置。沙灘對開的是罾棚，是香港傳統漁業的象徵，凝聚了漁民世代相傳的智慧。

下　望后石村全景，只有不足十間民居。這裏現在已變成龍門路，稻田的位置則是望后石污水處理廠。望后石（Pillar Point）又作望鱟石，相傳是觀看鱟類出沒之處。

上　朱翁一行人到達這裏時已是中午十二點，回顧望后石（Pillar Point），村前有一淺灘，只在潮退時才出現讓人行走。淺灘在填海後成為內河貨運碼頭的一部分。

下　望后石往西行便是小冷水。這是回望小冷水時拍攝的。小冷水的河口位（照片左方）沒有路徑，行人要涉水向北走一段山，再折返小路前往踏石角。河口位填海後開通了一條小冷水路，再前方便是環保園。

上 此照在龍鼓灘上拍攝，望向南朗及篤尾涌兩村。

下 篤尾涌全景。

青山紅樓與革命之志

位於青山白角中山公園內的紅樓，靠近昔日的海岸線，是一座兩層高的紅磚建築，因其外觀得名。根據政府檔案記錄，紅樓約建於 1868 年。1901 年，富商李紀堂在鄧蔭南的農場旁創辦青山農場，面積約 53 英畝，其中包括紅樓所在的地段。農場初衷是為反清革命同志提供庇護與集會場所，李紀堂並在香港中環開設「青山棧」，出售農場的農產品，如蔬菜、瓜果與雞蛋。

石角咀村落位於紅樓附近。散石灣一帶的白角、石角咀等村落，自 1960 年代後期起，因發展需要而被清拆。

李紀堂不擅理財，1907 年後因債務問題逐漸無力經營，民國初年將農場與青山棧出售，僅保留包括紅樓在內的少量地段。其後，海豐人洪德全租賃該地，創辦新生農場，並以紅樓作為辦事處。

紅樓最引人注目的歷史，與孫中山和陳粹芬密切相關。1891 年，二十五歲的孫中山在屯門美國紀慎會基督教堂，經陳少白介紹結識十七歲的陳粹芬。二人很快成為伴侶，租住紅樓。陳粹芬回憶，革命青年如陳少白、尤列、陸皓東等常在夜間乘船到訪，與孫中山討論推翻滿清的計劃。雖然紅樓非興中會的行動中心，但作為孫中山與陳粹芬相識與同居之地，後人常形容它是辛亥革命的遺址。例如羅香林便曾在 1971 年出版《國父在香港之歷史遺蹟》一書，論述青山農場與辛亥革命的關係，主張建築物的重要性。不過也有學者如劉智鵬及劉蜀永指出，辛亥革命前無文獻證明紅樓與革命有關，認為是後人自行附會；甚至也有研究質疑，孫中山是否曾親臨紅樓。

其實早在羅香林一書出版前，紅樓的歷史價值在上世紀戰後便已為旅行家所強調。1952 年的《香港九龍新界旅行手冊》記載紅樓為孫中山居所，提及前園的桄榔樹（棕櫚科植物）乃孫中山親手種植（另一說是孫中山和黃興親手種植了共六棵）。相信朱翁是讀了相關描述後，決定前往紅樓一探。就朱翁拍攝的照片所見，有三棵桄榔樹在 1960 年遭電殛枯死，另外三棵尚完好無缺。朱翁形容枯死的三棵樹如下：「樹葉盡脫，如三棍，村人於其附近屠豬燒臘，更促使其早日凋枯，覩之不禁為一代偉人浩嘆。」

紅樓曾作為新生農場的辦事處，門口紅柱懸掛辦事處門牌。朱翁進紅樓拍攝，內部環境與一般民居無異。

1964 年 9 月 20 日，朱翁再訪紅樓時發現的荒塚，墓碑上的名字被人抹去，另外有九個標為「無名氏」。

紅樓後山有一道山坡，土名炮藥場，相傳是孫中山與興中會人士為製造火藥與訓練之地。1964 年 9 月 20 日，朱翁再訪紅樓，在炮藥場旁發現有一荒塚，分上下兩層，下層因雜草叢生，無法接近，只見到是一塊反轉覆蓋着的大石碑。下層有兩行小墓碑，每塊碑高 20 吋、闊 10 吋、入土 5 吋。有的墓碑雖然刻有姓名，但名字上卻被人塗抹了，另外又有九個標為「無名氏」，總計埋葬了四十人左右。

此事困擾朱翁多年，使他念念不忘。1970 年 9 月 30 日，他組織了一

1970 年 9 月 30 日，朱翁與眾人將大石碑揭開，發現只刻有「義塚」二字。

班年輕朋友，帶備鐵筆和鋤頭，費勁將大石碑揭開，原來只刻有「義塚」二字。1980 年代當朱翁打算三訪荒塚時，炮藥場一帶已開闢為小村。按圖索驥之下，他也找不到原址所在，因此慨嘆，義塚恐怕已成絕響。

在屯門新市鎮的發展背景下，紅樓的命運與昔日墟市的沒落相呼應。1970 年代的填海工程改變了屯門地貌，紅樓與海邊的距離從半里增至約 1400 米。2017 年，紅樓圍牆被拆、窗戶遭損毀，引發保育爭議，古物諮詢委員會最終將其列為暫定古蹟。

稔灣沿岸也有不少罾棚。罾棚以竹竿和木棍構築成穩固的框架，懸掛細密的魚網，巧用潮汐的自然節奏捕魚。漁民選在退潮時顯露的礁石附近設置罾棚，漲潮時魚群隨水流湧入覓食，退潮後被困網中，漁民無需費力即可收穫。而且這種設計精妙，網眼能捕捉大小魚類，結構上能抵抗風浪，操作簡便，節省人力兼提升效率。隨着現代科技的發展和漁業方式的變遷，罾棚在香港已幾乎絕跡，僅留存於一些老照片中，成為漁業文化與屯門沿海歷史的珍貴回憶。

小結：傳統舊村與現代市鎮的交錯

戰後人口增長，經濟起飛，政府開始發展新市鎮，屯門的命運因此改變。1971 年青山灣填海，舊墟成為工業區，取而代之的是新發邨（後來又再拆卸改建為瓏門及 Vcity）；新墟的命運則略有不同，它在 1966 年起重建，1982 年變為新墟街市；三聖墟於 1970 年代清拆，村民被遷往新建的三聖邨，墟市海灣填為陸地。屯門的墟市與歷史遺跡，曾是居民生活的核心，也是這片土地的文化根基。然而，新市鎮的開發，伴隨着填海、拆遷與重建，讓這些墟市逐漸成為歷史的註腳。天后古廟、三聖廟與麒麟石等遺跡，雖然得以留存下來，卻難掩人流漸少的落寞。這些地方承載的不僅是屯門的過去，更是香港新市鎮發展下，傳統與現代交錯的縮影。

百年墟市
在時光中熠熠生輝

大埔昔日好風景

位於新界東北吐露港畔的大埔，這個名字如今幾乎是無人不曉。這裏是繁榮的新市鎮，高樓林立、車水馬龍，既有大型水塘，也有全港第一個工業邨。然而，若將時光倒流數百年，便會發現這片土地曾經別有一番風情 —— 海面漁舟靜映，田間稻香陣陣，墟市喧雜熱鬧，織就一段生機盎然的歲月。那是一個由鄧氏族人開拓的時代，當中更涉及一位孝子以身代父受難的感人故事。

從孝子祠到大步墟：一段孝義奠基的歲月

大埔的歷史，遠可追溯至新石器時代，吐露港沿岸的丫洲、元洲仔等地，已有先民留下陶器與石器的痕跡。然而，真正讓大埔之名載入史冊的，卻是明朝萬曆年間的一段傳奇。

當時，海盜林鳳肆虐廣東沿海，屢次侵擾新界。萬曆二十三年（1595年）某日，林鳳率眾登陸大埔，擄去若干村民，用以勒索贖金，其中便有鄧師孟的父親。鄧氏家境貧寒，無力支付贖款，年輕的鄧師孟毅然決定以身代父。他隻身前往賊船，懇求林鳳釋放年老體弱的父親，願自己留下效力。據嘉慶《新安縣志》記載，他當時「詞氣懇摯，聲淚俱下」，感動了林鳳。林鳳最終答應，放回鄧父，留下鄧師孟。然而，鄧師孟不願淪

左 鄧師孟跳海後，屍體飄浮上岸，大埔頭族人便為他建墓。相傳此墓在大埔舊墟「八間屋十四號A」，朱翁前往探訪並拍照時，沒找到墓穴，只有神龕一個。

右 龕中有一塊水泥碑，刻有「明卿賢孝子師孟鄧公之墓」，下款為「庚寅年六月十四日，龍躍頭子孫重修」。朱翁指，大埔舊墟有一位鄧兆泰老伯對他說，年幼時曾見過「孝子鄧公祠」的橫匾，墓地上仍有建築物；每年春秋二祭，村民絡繹不絕，有近百人掃墓祭拜。

為盜匪，在與父親離別後，選擇跳海自盡。

這一孝行震動鄉里，鄧氏族人為紀念他，同年於大埔墟側建「鄧孝子祠」。《新安縣志》又載：「鄧孝子祠，在邑五都大步墟側，萬曆乙未年建，今圮。」乙未正是1595年。孝子祠的所在地，今天已不可考，綜合不同學者及史地研究者的見解，認為祠堂很有可能是在林村河北岸的舊墟直街一帶。1965年1月20日，朱翁前往考察，本篇多張照片都是他當日拍攝所得。

孝子祠的建立，不僅是對鄧師孟的追念，更成就了大埔墟市的萌芽。鄧氏族人聚居以後，祠堂周邊逐漸熱鬧起來。明末清初，鄧氏十世孫敬羅、敬章從粉嶺龍躍頭遷至此地，創建大埔頭村。村落依山傍水，土地肥沃，人口漸增。清康熙十一年（1672年），朝廷中止遷海令，廣東沿岸復界，居民可搬回舊地。鄧族鄧祥、鄧天章二人正式向知縣申請在

左 大埔天后宮位於新界大埔汀角路，始建於康熙三十年（1691 年），由鄧氏族人創立。初建時天后宮位處海濱，歷年來填海拓地，使之逐漸遠離海港。從照片可見，當時尚未增建偏殿「水月宮」與「協天宮」。天后宮在 1981 年獲評為二級歷史建築，2010 年改為三級歷史建築。

右 這塊俗稱《大埔示諭》的碑文，是目前有關大埔歷史的重要史料。朱翁在天后宮拍攝時，石碑已受損壞，後來更不知去向。

孝子祠側建墟，命名為「大埔墟」，以墟市收入維持孝子祠的運作。

大埔墟的繁榮與爭奪：鄧氏與文氏的百年恩怨

大埔墟的發展，離不開鄧氏的經營與掌控。墟市初時雖僅數個攤位，但也日益昌盛。墟市販賣農產、手工藝品，逢墟日人聲鼎沸，場面熱鬧。作為新界望族，鄧氏憑藉孝子祠的聲望與地理優勢，將墟市牢牢掌握手中。墟店皆為鄧氏屋宇，收入用作嘗產，村民買賣皆匯聚於此。

鄰近村落居民，不少都想在墟市建屋，但全被鄧族反對。此一排他政策，引發周邊村落不滿。嘉慶年間，大埔西北面的太坑村（今泰亨）文氏族人欲在墟內設舖，卻屢遭拒絕，只得隔河另建屋宇營業。兩族時有爭執，這種緊張局面，持續至同治十二年（1873 年），颱風引致河水泛濫，文氏店舖摧毀，舊墟亦受損。天災過後，鄧氏重整墟市，文氏再爭取設舖，始終未能如願。

到了光緒十八年（1892 年），鄧氏決意一勞永逸，向新安知縣請准，於天后宮立碑告示，明確宣示大埔墟為鄧氏稅地，嚴禁他族建墟。碑文如下：

「欽加同知銜署理新安縣事候補縣正堂、加十級、紀錄十次鄧，出示曉諭事。現據職監鄧履中等呈稱，伊祖於萬曆年間，在大埔建立孝子鄧師孟祠。至康熙十一年，伊祖鄧祥與鄧天章墾承大埔稅地，復在孝子祠側立墟，起舖招賈營生，將該墟出息為孝子糧祀之用。迨嘉慶年間，文元著在文屋村越界起舖，經伊祖稟控前縣，斷結勒石：嗣後各管各業。文姓只可起造房屋，不得起舖招客。茲因同治十二年，風颶大作，文屋村沖為平地。文姓現欲立墟，起舖招商等。議忖大埔一墟，為孝子糧祀而立。若文姓起舖，將來彼興此衰，糧祀從何而支？叩乞出示立案等情到縣，據此除批揭示外，合行出示曉諭，為此示仰該處軍民人等知悉：爾等須知大埔墟原係鄧姓稅地，而墟中出息為孝子糧祀之需，嗣後爾等毋得恃強立舖，攙奪墟息，以致孝子祠無祀。倘有恃強違抗，本縣定即差拘訊究。各宜凜遵。切速，特示。光緒十八年五月十四日示 告示 寔貼大埔曉諭」

文氏見硬闖無望，轉而聯合鄧氏以外的林村約、翕和約、集和約、樟樹灘約、汀角約、粉嶺約，成立「大埔七約」。七約由太坑首富文湛泉領頭，於林村河南岸另辟新墟，命名「太和市」。最初的太和市，只有一條街道，即今天的富善街。同年「新墟」開市，後更名「大埔墟」，而鄧氏原有墟市遂改稱「大埔舊墟」。新墟因地利與人和，發展迅速。文湛泉更於光緒二十二年（1896 年），在太和市橫水渡處倡建廣福橋，以便利鄉村間的交通來往。廣福橋建成後不久，英國於 1899 年租借新界，九廣鐵路於 1913 年設大埔墟火車站（今香港鐵路博物館），新墟一躍成為大埔核心，舊墟則漸趨寂寥。

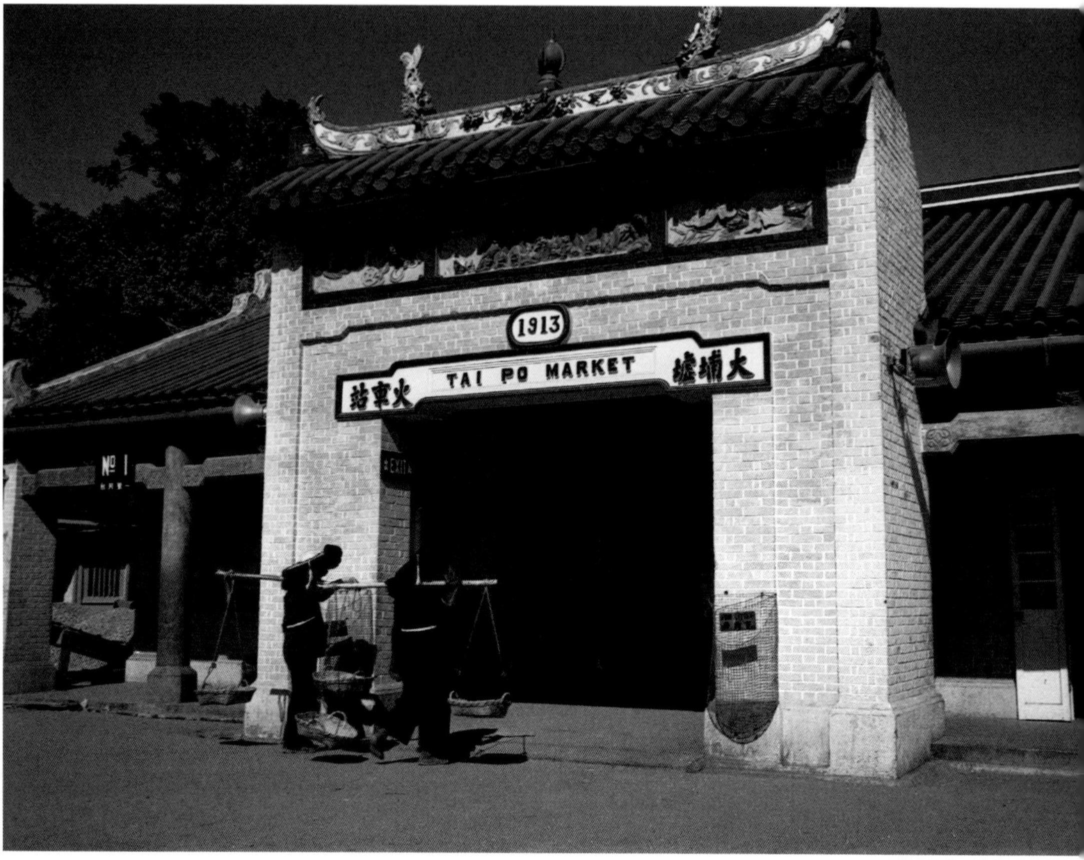
1913
站車火 TAI PO MARKET 大埔墟
EXIT

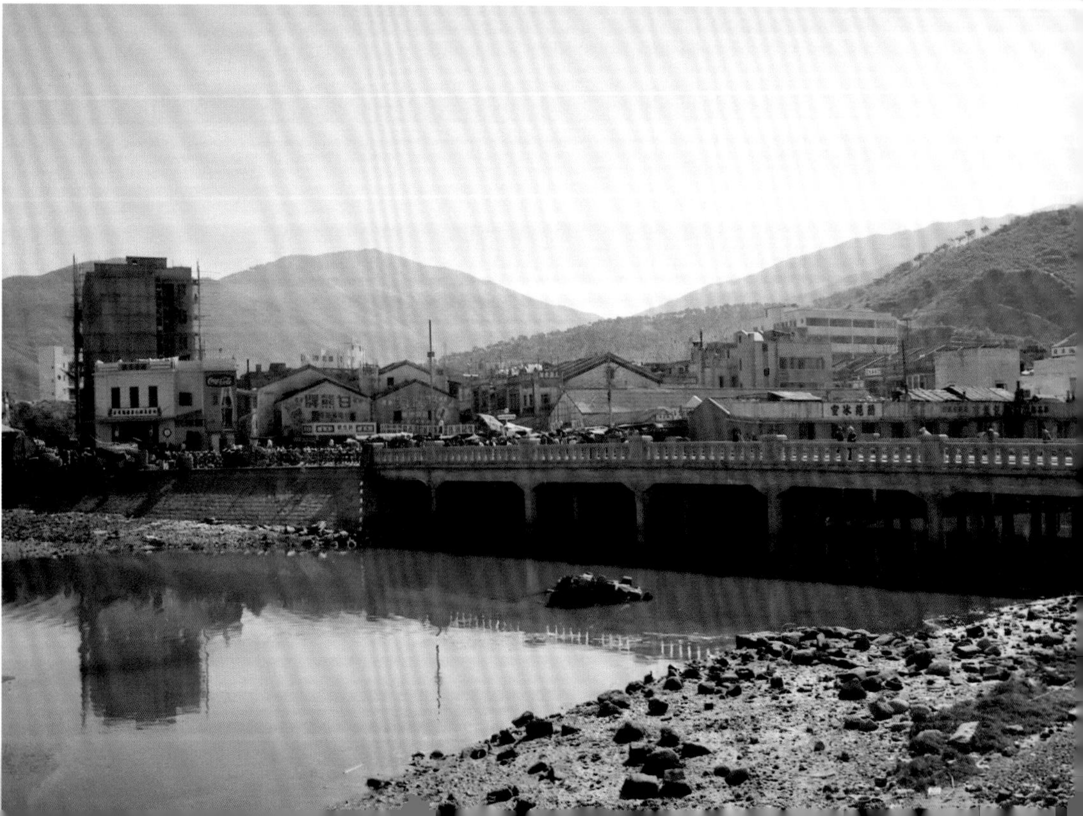

上　1910 年 10 月 1 日，九廣鐵路（英段）落成通車。啟用時只有七個站，當中大埔墟站最初只是臨時的旗站。圖中所見的舊大埔墟站，建於 1913 年。金字瓦頂的建築，具中國傳統特色，有別於其他火車站。新大埔墟火車站於 1983 年啟用，此站亦於 1984 年列為法定古蹟 ，1985 年復修後改建為香港鐵路博物館。此照攝於 1965 年 1 月 20 日。

下　朱翁拍攝的已是第三代廣福橋，1957 年重建的四線雙向行車石橋。右側北盛街的商舖如蘭苑冰室、周輝記飯店、新昌麵家等皆建在河上。北盛街在仁興街口有恆昌米機，米機在日佔時期被徵用作配米所。稍左為大埔街市和富善街，即歷史上太和市的所在地。最左方為廣福道與靖遠街交界，可見均發米機與白熊牌香煙廣告。1980 年代，當局填海發展大埔新市鎮，在寶鄉街另建行車橋通往大埔中心，又在廣福石橋傍建只供行人及單車使用的廣福新橋，並於 1987 年 12 月完成，隨即將廣福行車石橋拆卸。

大埔公路與九廣鐵路：交通改變命運

新界租借後，大埔迎來現代化的契機。1902 年，大埔公路竣工，成為新界首條公路，從深水埗經沙田至大埔林村，全長近 22 公里。1910 年，九廣鐵路（英段）通車，1913 年舊大埔墟站啟用，加速了大埔的發展。沙田段依山傍水，吐露港畔漁舟盪漾，林村谷田野連綿。鐵路穿過大埔墟，帶來商賈與遊客，墟市愈見繁榮，亦將大埔從僻遠村落帶入區域中心的行列。然而，築路也使地貌改變，像大埔頭原本與水圍（舊稱老圍）連接，卻因鐵路落成而被分隔。

新界鄧族祖籍江西，後遷居錦田，再分支到龍躍頭、廈村、大埔及屏山等地。鄧元亮房一支於十三世紀時遷居至大埔頭，建立水圍村。二十世紀初，因興建九廣鐵路，水圍村被分割為水圍及大埔頭兩村。大埔頭村曾築有一座三層高的炮樓，作為守衛之用，但於 1980 年代拆卸。炮樓主要用來監察、發出警告及進行攻防戰。清末民初是一個山賊、流氓、海盜、宗族械鬥甚麼都有的動盪年代，因此本地村落或客家村落都建造炮樓。不過要興建一座炮樓所費貲財不少，有些鄉民在海外發跡，回到家鄉時便透過建造精美炮樓炫耀財富。

TAI PO SHUI WAI

左　這兩張照片攝於 1960 年 12 月 11 日，從中可見大埔頭村（上圖）和水圍村（下圖）的舊貌。左上照片的炮樓前面是敬羅家塾，即是大埔頭村鄧族的宗祠及家塾。

右　位於大埔頭村旁的松園仙館，雖貌似道觀，實為樂園。這裏前身是陸軍軍營。1958 年，鄧煥佳收回土地，建為中式園林主題的旅遊景點。入口有一城門式牌樓，上面刻有對聯「松菊猶存三徑茂，園林別緻萬商臨」。園內有動物園、電影院、機動遊戲及園林酒家等設施，是當時的熱門遊樂場所。現已改建為華樂豪庭。

從舊墟到今日：昔日生活風景如畫

在公路與鐵路興建前，大埔居民多以漁業農牧為生。吐露港水深浪靜，漁獲豐富，村民日出撒網，日落而息。林村河沖積地土壤肥沃，稻田、果園遍布，梯田層疊，風景如畫。船灣、汀角等地的村民，每天過着捕魚耕作、自給自足的樸素日子。這份寧靜隨着城市發展而逐漸消逝，在年長一輩的大埔人腦海中留下深刻烙印。

右頁照片左下角為漢家路牌坊，通往米商陳漢華的私人園地漢家華園，牌坊上「漢家路」三字由何東與何福的同母異父弟、著名商人何甘棠的女婿謝家寶書寫，惜今已不存。牌坊右上方為信義會聖恩堂，1961 年建成。教會地處偏僻，於 2011 年 12 月遷至瑞安街現址。最上方的山頂白

上　此照攝於 1965 年 1 月 20 日，捕捉了錦山具特色和歷史較悠久的幾座建築物。錦山本稱禁山，因大埔頭族人私設禁伐樹木、採泥之規而得名；1955 年，七約鄉公所因禁山地名不雅，議決改為錦山。

下　昔日的大埔頭與大埔墟遠景。攝於 1965 年 1 月 20 日。

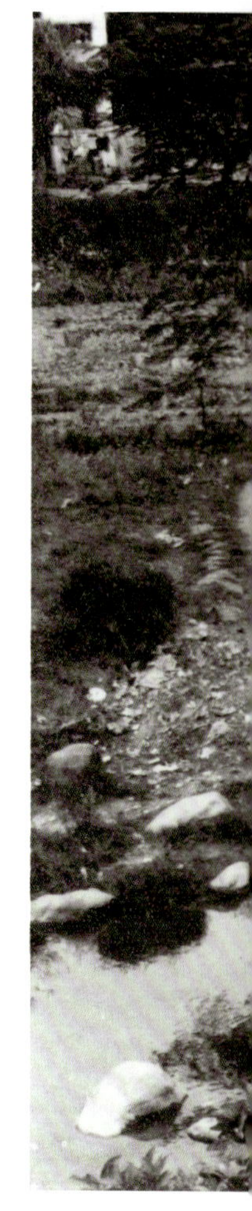

屋原為1926年建成的天主教聖安德肋堂，1937年颱風重創後荒廢，1956年交耶穌小姊妹會，改為友愛之家。修女種菜養禽，自給自足，過着清修歲月。2008年翻新為天主教香港教區原道交流中心，為訪問學者及研究生提供交流和住宿地點。

1970年代，大埔發展新市鎮。1976年，大埔工業邨的填海工程展開，隨後更有寶湖花園、大元邨、大埔中心等屋邨樓宇相繼拔地而起，昔日海濱已不復存在。船灣淡水湖的興建，更淹沒了六鄉，水面下的村落遺跡，成為時光的倒影。

今日的大埔，廣福道車水馬龍，太和路高樓聳立。誰可料到，這片繁華之地，竟可溯源至一間小小的孝子祠？

上　桃源洞兼指村落與水潭，山水清幽，是早年大埔熱門旅遊景點，吸引無數遊人。照片中央為玉泉別墅，建於水潭前，大約在今天德雅苑遊樂場附近。玉泉別墅乃桃源洞內唯一商戶。雖名為別墅，卻鮮有旅客留宿，本質上是一家士多，售賣汽水（少不了玉泉汽水）、小食等。1980年代，政府擴建大埔新市鎮，收回大片土地，興建住宅並整治河道，桃源洞亦納入收地範圍。

下　大埔七約鄉公所位於瑞安街與戲院街交界，建於1954年，1984年重建為七約大廈。鄉公所主要擔任政府與民間溝通的橋樑，調解居民日常生活中的大小爭執。曾有報道，鄉公所一天內要處理四宗婚姻糾紛，例如有太太因丈夫婚後一年仍未與她洞房而提出離婚。大埔鄉事委員會自1959年成立，初時借用七約鄉公所辦公，至1977年才在寶鄉街建成專屬會址，圖中可見門外懸掛着鄉委會的招牌。

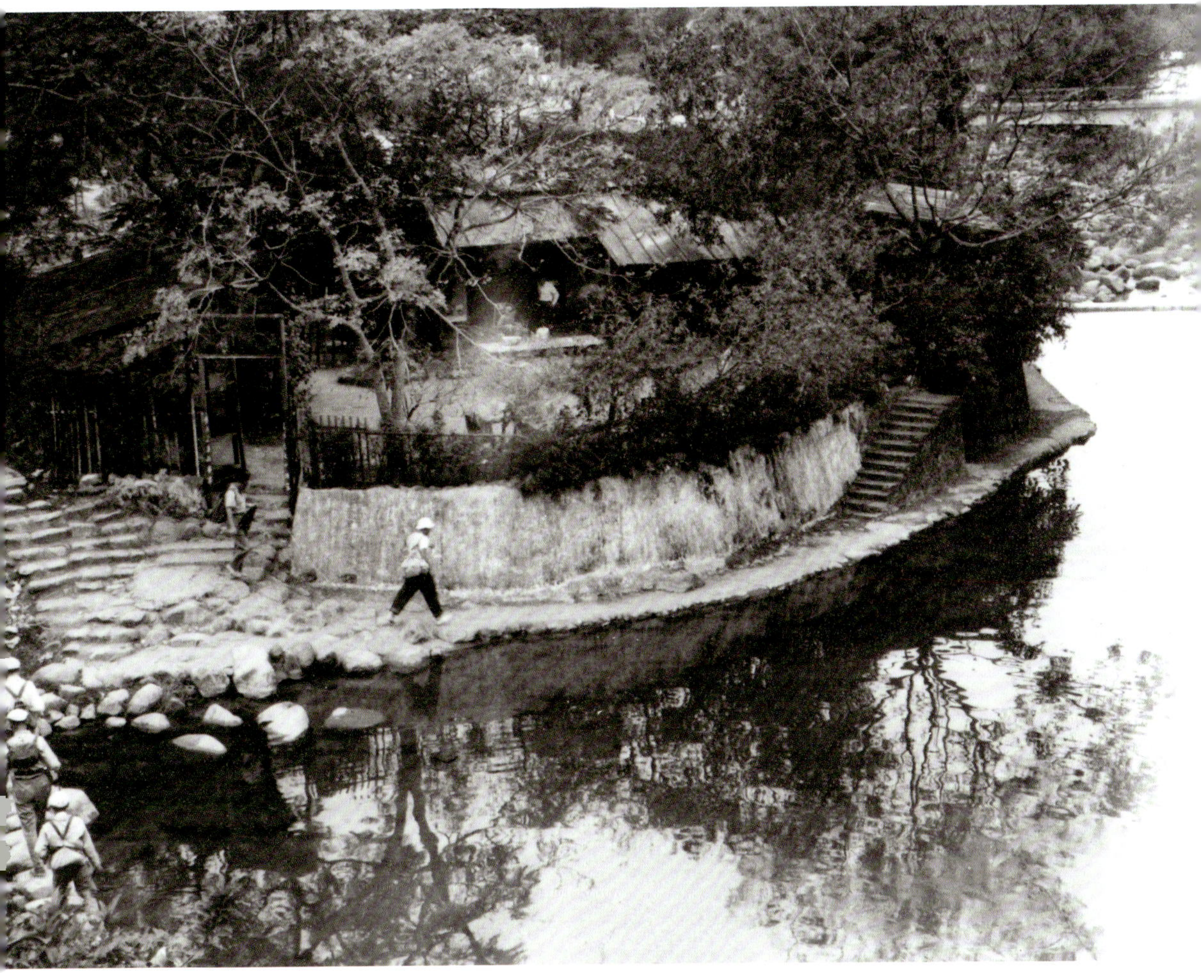

大埔七約鄉公所
1954
TSAT YEUK R RAL COMMITTEE
大埔鄉事委員會

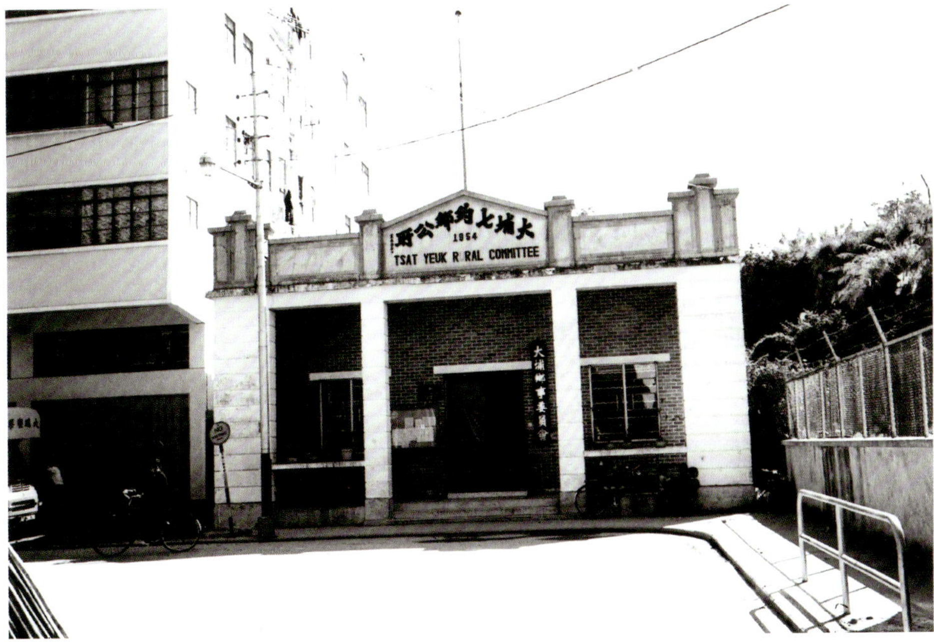

朱翁藝高人膽大，和學生站在太和站往大埔墟站經過林村河口的一段火車橋上拍攝這張全景照片。右邊比其他建築物高出一截的便是 1964 年落成的瑞安樓，樓高五層（不計地下），由著名大埔善長、太和園的主人朱仁傑出資興建。左邊沿岸的是北約屠場，由大埔、沙田、粉嶺、上水四區肉食商聯合經營。屠場於 1987 年清拆，現址為林村黃福鑾公立學校。

小結：在時光中熠熠生輝

從鄧師孟的孝義肇始，到大埔舊墟的熱鬧，再到新市鎮的繁榮興旺，大埔的百年故事如畫卷一般，在歲月中徐徐展開。昔日的漁舟點點、田陌縱橫，如今皆已化為高樓與湖影。每當走過林村河畔，彷彿墟市喧聲再起，舊日風貌依稀可辨。這是大埔的昔日好風景，也是它永不褪色的記憶。

村落記憶 化作水中倒影

消逝了的船灣六鄉

位於大埔海東北方有一海灣，名為船灣（Plover Cove），海面廣長水深，波平浪靜，漁作豐碩。船灣有三面連接陸地，西接八仙嶺，北面是橫嶺；東南及南面是一個狹長半島，屬於橫嶺支脈，名虎頭鯊（一作沙），俗稱「將軍掛劍」。

「船灣六鄉」的來源

現在我們提及船灣，很多人都會聯想到船灣淡水湖（Plover Cove Reservoir）。不過，原來在淡水湖尚未建成之前，這裏曾經有至少六個客家村落——涌背、涌尾、橫嶺頭、金竹排、大滘和小滘，如今統稱為「船灣六鄉」。

船灣六鄉的建村時間大約為乾隆中葉之後，當中除了金竹排的居民是王姓外，其餘各村皆為李氏。1898 年 6 月，《展拓香港界址專條》在北京簽訂，清政府同意將「新界」租借予英國政府。其後，時任布政司駱克前往新界實地調查，向政府提交了一份名為《香港殖民地展拓界址報告書》（Report on the Extension of the Colony of Hong Kong）的文件，從報告中我們得知船灣沿岸的鄉村被劃分為屬於「沙頭角約」。有一種說法是，六鄉村民與沙頭角一帶的關係更為密切，因為雖然地理上船灣連接大埔海，但對村民而言，他們經村後山坡前往烏蛟騰，再轉往沙頭角墟，更為快捷便利。[1]

劃時代的船灣淡水湖

時代變遷，村落的命運亦發生了翻天覆地的變化。1950 年代，香港人口激增，食水需求急升。即使政府已於 1957 年建成大欖涌水塘及正積極籌建石壁水塘，情況仍是捉襟見肘。1958 年，水務監督（今稱水務署署長）毛瑾（T.O. Morgan）四處尋找水塘選址，以解決水資源不足的情況。一次偶然機會，他來到船灣，眼見該處呈月牙狀，形勢特別，便大膽提出興建堤壩連接海灣外圍的島嶼（連接點為白沙頭的白沙頭咀與大美督的匏瓜角），再抽走海水，注入淡水，使船灣變成一個人工淡水湖。

翌年，政府落實興建船灣淡水湖的提案。1960 年 10 月，政府首作海上勘探；1968 年 10 月，長達 2.1 公里的主壩和兩條長 200 米的副壩落成，水塘開始供水。1969 年 1 月 20 日，船灣淡水湖由港督戴麟趾（Sir David Trench）主持揭幕儀式，標誌水塘正式啟用。水塘建成後，當時容量為 1.7 億立方米。後來政府於 1970 年代加高主壩，使容量增加至 2.3 億立方米。直到現在，船灣淡水湖仍然是香港第二大水塘。

1 學者黃永豪認為當時六鄉前往大美督的一段陸路極不易走，故此村民與大埔墟的聯繫並不密切。

另外他亦綜合了村民的不同說法，指出六鄉之說來源大致有兩種：一、六鄉之名源於日本人佔領新界時所制訂出來的地方管治體制，當時是六村加上紅石門（紅位處船灣淡水湖的東北面，屬於印洲塘海岸公園範圍內，以岸邊獨特的赤紅色岩石聞名）統稱為六鄉。二、初見於 1966 年，主要是政府對需要遷徙的六條村落自訂統稱。他又指，有些村民甚至把六鄉各村進一步劃分為上三鄉（金竹排、大滘和小滘）和下三鄉（涌背、涌尾和橫嶺頭）。見《大埔傳統與文物》（香港：大埔區議會，2008 年），頁 199－200。

滄海桑田的命運

船灣淡水湖的興建，無疑是劃時代且史無前例，它不僅有助解決香港日益增長的水資源需求，還為城市的長遠發展提供了重要的基礎保障。然而，對於六鄉村民而言，這意味着他們要面臨離開故土、遷徙他鄉的命運。他們世代在這裏耕作、捕魚，雖然生活簡樸，但對這裏有着深厚情感。村落中的每一寸土地，都承載着他們美好珍貴的回憶。

據朱翁所述，金竹排村民在村後一處名為「三台頂」的山嶺開採鐵礦。他們沿山坡開鑿了六個山洞，又增建碼頭，粗具規模，前後共投入了數十萬元鉅額資本。起初成績不錯，挖出來的鐵沙含量達百分之六十，後來愈挖愈差，只有百分之十是鐵，大家也就陸續放棄了。翻查政府檔案，村民王國隆曾於 1953 年向政府申請開採牌照。

上 船灣海北岸，六鄉中便有四村聚居此處。橫嶺山脈蜿蜒而下，村落緊貼山腰而建。

中 船灣海全貌，攝於橫嶺的赤馬頭。可以見到當時淡水湖主要工程尚未展開。

下 涌尾、涌背及泥塘角。

上 涌尾村

下 六鄉中以小滘位處最為偏遠。左方為一片空地，那裏有籃球架，可供比賽之用。

船灣淡水湖建成後，水面上升，沿岸地貌亦大幅度改變，所以政府早在 1960 年初便陸續派員到各村與村民商議搬遷事宜。經過數年協商，六鄉終於在 1966 年 11 月 28 日開始搬遷。村民計一百四十五戶共一千零六十九人，被安置到大埔墟，即今天廣福道與寶湖道之間一帶，建設六鄉新村。

1961 年至 1963 年間，朱翁趁船灣淡水湖第一階段工程進行得如火如荼之際，多次造訪六鄉，才知這片土地的自然風光悠然如畫，大感訝異，更教他流連忘返。他只見四處綠樹環繞，村宅依山而建，梯田層疊高下，畦畛交錯，錯落有致；村民面海而居，日出而作，日落而息，過着平凡而樸實的生活。

位於大滘的三光公立小學，建於碼頭旁。主要入學對象為來自大滘、小滘及金竹排的學童。1953 年落成，同年 8 月舉行開幕典禮。

1963年1月14日，朱翁在《星島日報》發表專欄文章〈船灣淡水湖〉，提到當時可數的有八個村落，「……共有鄉民六百七十名。涌尾地勢稍高，或將少遭波及，餘外低於淡水湖之水平線，當受遷徙。」後來他又在其他書籍上推斷，很可能因為泥塘角當時只得一所「公立育羣學校」，橫嶺背、橫嶺頭則在行政劃分上合稱，所以習慣上便計六村，最後便統稱為「六鄉」。

小結：水淹不住六鄉舊情

時光荏苒，六鄉村落已有泰半隱沒在這片波瀾不驚的湖水之下，只有偶爾水位退卻，才能讓昔日的鄉村遺跡短暫露出水面，宛若一段從前塵中浮現的倒影，稍縱即逝。如同朱翁在《香港舊景掌故新談（一）》中如此感慨：「昔日的船灣沙灘，因為海水的作用，變得格外幼細，沙粒如絲，當海浪退去，整片沙灘如一面平靜的鏡子，映照着天邊的景色。如今，這片沙灘早已不見，取而代之的是一片淡水湖，然而那份純淨與寧靜，依然深藏在我的記憶中。」相信如今已遷居大埔墟的村民，依然清晰記得那些歷經耕耘的田地、漁獲豐碩的海灣。他們孩童時期在村中嬉鬧的歡笑聲，彷彿仍在船灣水面上迴盪。這片昔日充滿生機的土地，如今化作寧靜的湖中倒影，默默守護着村民及他們的後代。

上　大浪村居。

下　橫嶺背。橫嶺背與橫嶺頭在行政劃分上合二為一，不過兩者位置相隔也有若干距離。

左上　橫嶺頭的耕地和沙灘。朱翁曾形容船灣有平滑如鏡的海面，配上美潔的幼滑沙灘，那是何等吸引。

左下　朱翁多次造訪船灣，覺得來這裏無論是行山還是游水都十分適合。

右　小滘的另一角度。

公立盲聾學校

上 1962 年 1 月 7 日的船灣之行，令朱翁印象特別深刻。他當天從八仙嶺山腳的大美督出發，最先到達涌背村，然後自西向東行經橫嶺頭、金竹排等其他村落。最後登上石芽頭，遠眺大、小滘形勢，頓覺此地風光嫵媚，十分喜愛，更揚言若將來水塘建成，備有公路，將建屋於此，作為終老之世外桃源。

下左 朱翁 1962 年前往泥塘角時，當地已沒有民居。圖中的公立育羣學校於 1959 年落成。

下右 橫嶺頭的村居。

碧波萬頃 珠貝閃爍

香港六十年代的養珠業

今天的香港以國際大都會的繁華聞名，卻少有人憶起，這片被譽為「東方之珠」的海域，實曾孕育千年的珍珠輝煌——從南漢的血淚辛勞到明代的逐漸衰微，再到現代的復興夢想，香港的珍珠史在奢華與苦難、掠奪與守護的交錯中輾轉千年，終化作深埋海底的蚌殼，靜待潮汐退卻時，閃現那一瞬難以捉摸的微光。

從唐朝到明朝的養珠傳奇

香港養珠業的歷史，可追溯至五代十國的南漢政權（942 年至 971 年）。當時，高祖劉龑（889 年至 942 年）在廣州稱帝，其後代對珍珠懷着無盡熱情，視珍珠為權力與奢華的象徵，所採珍珠多用於宮殿裝飾，如殿內設珍珠渠，水流中滾動着閃亮的珍珠，甚至連君主的墓地也鋪滿珠貝。後主劉鋹於大寶六年（963 年），在大埔海設立「媚川都」，專司採珠，動員數千人潛入海底，搜集鴉螺與珍珠螺。據北宋王闢之《澠水燕談錄》記載：「劉鋹據嶺南，置兵八千人，專以採珠為事，目曰『媚川都』。每以石硾其足，入海至五七百尺，溺而死者相屬也。久之，珠璣充積內庫。所居殿宇梁棟簾箔，率以珠為飾，窮極華麗。」，採珠過程極其危險，漁民以石塊繫足，潛至深海，溺亡者不計其數。劉鋹此舉，雖令大

1964 年 3 月 30 日，朱翁與友人繞遊船灣，途中先後經過牛環套和老虎笏的珠場。牛環套又稱牛糞肚、牛灣渡，是一個在白沙頭洲南面海岸的淺灣，皇冠珍珠的珠場便設在此處。根據農林處的報告顯示，珠場在 1966 年 5 月已經關閉，餘下的珠貝轉售給位於老虎笏的香港殖珠。下圖可見工人在浮筏上處理珠貝。

埔海的珍珠名揚天下，卻未為百姓帶來富足，反而招致巨大的苦難與不幸。南宋方信孺有詩《媚川都》一首，道出採珠背後，以人命為代價的苦痛：「漭漭愁雲弔媚川，蚌胎光彩夜連天，幽魂水底猶相泣，恨不生逢開寶年。」

宋太祖滅南漢後，開寶五年（972 年）曾因採珠「蠹國害民」下令廢止媚川都，但不久後又恢復採珠，顯示珍珠充滿莫大的誘惑。元大德八年（1304 年）的《南海志》記載，大埔海及周邊如青螺角、荔枝莊等十三處海域，產出豐富的珠母螺與鴉螺；延祐四年（1318 年），政府在廣州設立採金珠子都提舉司，持續在大埔海採珠。《元史．食貨志》又載：「珠……在廣州者，採於大步海。」泰定元年（1324 年），東莞士紳張唯寅認為採珠擾民，上書請求停採：「珠蚌生在數十丈水中，取之必以繩引而縋人而下，氣欲絕，則掣動其繩，舟中人疾引而出，稍遲則七竅流血而死，或為惡魚所噬。蚌逾百十，得珠僅能一二，乞申罷之。」[1]

過度開採下，最終導致珍珠資源枯竭，到了明洪武七年（1374 年），因採珠成效不彰，政府考慮放棄大埔海，改遷位於廣西的合浦。直至萬曆三十三年（1605 年），正式下令禁採，標誌着官方養珠業的終結。清康熙年間雖有

1 屈大均《廣東新語．卷十五 貨語》

早在 1950 年代末，商人兼時任立法局、行政局非官守議員馮秉芬已試驗養殖珍珠。如照片所示，他創辦的香港殖珠有限公司位於老虎笏。

養殖珍珠，一般要經過養苗、殖珠、養成和收成四個階段。（上）圖中的鐵籠用來放置珠貝。（中）用繩索將一整串鐵籠綁在浮筏上，以垂吊方式養成。（下）可見浸在海水中靜養的珠貝，左下角的標誌「傷」字，表示這批珠貝在養成或者殖珠的時候受損，收成品質堪憂。右上角的標誌「肥」字則不言而喻，顯示珠貝狀況良好。珠貝通常存活率只有一半，甚至更低，可見養珠真的不容易。

試探性的恢復，但畢竟成效不佳，養珠業逐漸式微。

珠光再現的夢幻泡影

上世紀五十年代，香港試圖重燃養珠的希望。1955 年，農林漁業管理處（今漁農自然護理署）在吐露港試驗人工養殖珠貝，成績頗佳，政府認為大埔一帶水域長遠可發展養珠業。後來日本珍珠商人亦來港物色養殖場，在吉澳養殖，收成四千餘顆。為了保護海洋資源及維護商業權益，政府於 1959 年正式實施《珍珠養殖（管制）條例》，由農林處負責管理發牌制度、限制採集等。不過處方在牌照審批方面傾向保守，第一輪只批出三個牌照，指定牛環套（皇冠珍珠有限公司）、老虎笏（馮秉芬經營的香港殖珠有限公司）和白角咀（嘉道理家族經營的東方海產有限公司）三處為養珠場。

同年 12 月，政府再批出另外三個珠場牌照，分別位於鳳凰笏（由新界鄉紳何傳耀、李仲莊、吳松熾等人合資組成的新界聯合殖珠有限公司）、三抱石（新都養珠有限公司）及海下灣。但是，相關海域的漁民眼見政府如此積極支援養珠業，擔心此舉會嚴重影響他們的捕魚生計；

殖珠後的珠貝，理論上要經過至少兩至三年後方可收穫。工人從海裏取出珠貝後，會用刀插入其體內，然後打開珠貝殼，人手取出珍珠。上圖可見已收採的珠貝。

上　珍珠的形成與貝類的自我保護機制有關，當異物如沙粒、寄生物等進入體內，貝類會分泌叫珍珠質的物質，用來緩和異物侵入所造成的刺激和不適，經過數年的層層堆積，最終形成珍珠。養珠最重要的階段便是殖珠，是指將珠核用人工方式植入珠貝內。照片中的是殖珠室，可以見到桌面（手術台）上的工具有支撐珠貝的架子、開口器、割刀等。

下　1964 年 5 月 3 日，朱翁遊糧船灣洲，途經新都養珠有限公司的珠場。珠場原本打算設在三抱石，但遭漁民反對，最後改在糧船灣洲的深篤灣經營。

後來漁民得知擅自捕珠貝會受重罰，更多次向當局申訴，因此三抱石及海下灣兩處的申請雖然已批准，卻遲遲仍未能正式營運。

縱使各界對此滿懷希望，然而不足三年，珠場經營者便由於出口稅率高，技師難招聘等原因導致事業停滯不前，大部分養殖公司從營運之始便已盈利有限。政府設種種條件限制，但不想提供任何技術幫助，各珠場頗有自生自滅之感。此外，如颱風侵襲等天災，亦使海中的珠貝相繼死亡，珠場血本無歸，損失動輒以數十萬元計，業者的發展大計頓成泡影。即使經營者回復元氣，但船灣淡水湖的興建又嚴重影響水質。所以到了1967 年中，只得老虎笏的養珠場仍在堅持，其餘的已經悉數停產或倒閉。與此同時，農林漁業管理處於1961年在吉澳設立的養珠研究站，亦因珠貝不足及技術條件不成熟而關閉。最終，政府於1995年廢除《珍珠養殖（管制）條例》，養珠夢再次破滅。

小結：復興珍珠產業前途未卜

香港養珠業經過長時間的停頓，已幾近成為歷史。2014 年，香港珍珠養殖協會在西貢白沙灣的麻藍笏漁排附近，開展珍珠養殖計劃，並融合教育體驗，試圖復興這一傳統產業，揚言要重建香港「東方之珠」之名。無論成效如何，已成明日黃花的養珠業總算是重新出發。吐露港的綠波依舊，船灣的海面波瀾不驚。在西貢海裏，也許尚有珍珠的殘影，等待後人重新打撈。

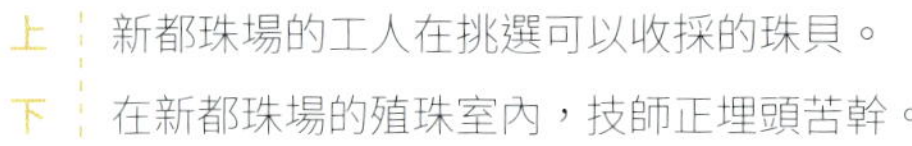

上 新都珠場的工人在挑選可以收採的珠貝。

下 在新都珠場的殖珠室內，技師正埋頭苦幹。

上　殖珠的第一道工序是先從另一隻貝類的身上切下外套膜，再用割刀將外套膜切成更小的尺寸，然後會和珠核一併殖入珠貝內。

下　第二道工序是將切成小塊的外套膜和珠核殖入珠貝內。技師將已開口的珠貝固定在手術台的支撐架上，透過開口器和制止器的輔助，把珠核推入珠貝的生殖線附近。技師要非常小心謹慎，以免傷害珠貝的閉殼肌和腸腺等組織。殖入珠核後，需要放進外套膜小塊緊貼珠核。

稅關文物與遺址

見證香江百年海關史

香港稅關遺址見證百年海關史，當中以馬灣九龍新關與佛頭洲稅關遺址尤為關鍵。從清末鴉片稅收到殖民交界，兩處遺址見證歷史變遷。朱翁於 1961 年到馬灣探尋「九龍關借地七英尺」碑，1964 年發掘佛頭洲稅關斷碑。他最初猜測佛頭洲稅關為宋代遺跡，後經考證或與 1891 年重

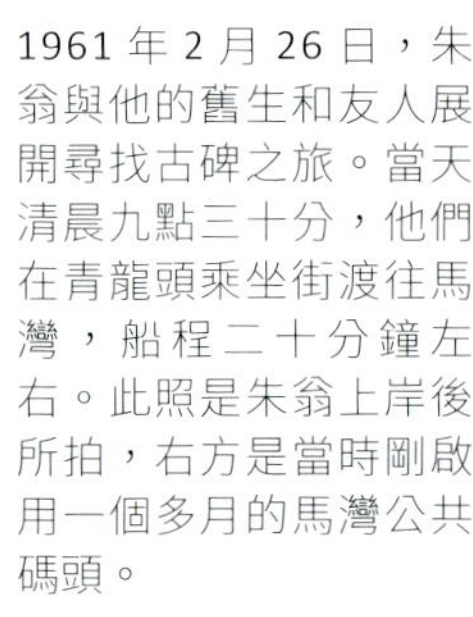

1961 年 2 月 26 日，朱翁與他的舊生和友人展開尋找古碑之旅。當天清晨九點三十分，他們在青龍頭乘坐街渡往馬灣，船程二十分鐘左右。此照是朱翁上岸後所拍，右方是當時剛啟用一個多月的馬灣公共碼頭。

建有關，無論如何，他的發現，都為香港海關史留下珍貴線索。

清末稅關的肇始

香港稅關遺址的歷史根源可追溯至晚清時期鴉片貿易的蓬勃發展。十九世紀六十年代，清朝國勢衰弱，鴉片走私日益猖獗。為應對此局面，兩廣總督瑞麟於同治七年（1868 年）下令在香港與澳門外圍的中國水域設立常關稅卡，由廣東省釐金局負責管理，主要任務是收取鴉片稅款、監視邊境並打擊私販，取得一定成效。1871 年，粵海關監督效仿此法，在佛頭洲、長洲、汲水門（今馬灣一帶）及九龍城四地建立關卡，對進出香港的民船徵收鴉片及其他貨物的關稅。

這些由粵海關與釐金局在香港周邊布設的緝私關卡，形成了一道封鎖線，引來港英殖民政府的不滿，認為此舉損害香港自由港地位，遂向清廷提出交涉。為化解紛爭，清朝總理衙門委派海關總稅務司赫德（Robert Hart）與英方協商。1886 年 9 月 11 日，中英簽訂《管理香港洋藥

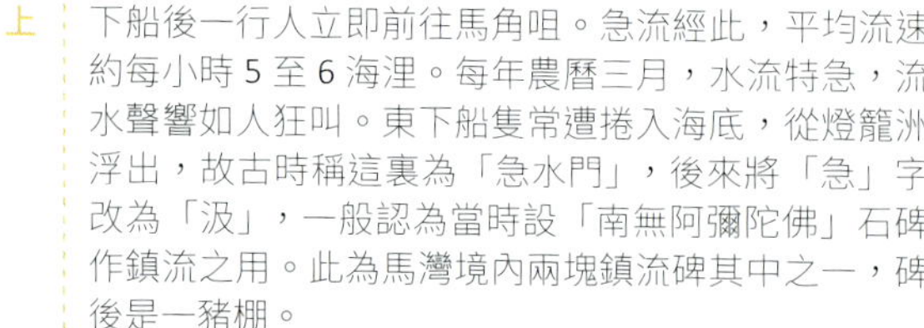

上　下船後一行人立即前往馬角咀。急流經此，平均流速約每小時 5 至 6 海浬。每年農曆三月，水流特急，流水聲響如人狂叫。東下船隻常遭捲入海底，從燈籠洲浮出，故古時稱這裏為「急水門」，後來將「急」字改為「汲」，一般認為當時設「南無阿彌陀佛」石碑作鎮流之用。此為馬灣境內兩塊鎮流碑其中之一，碑後是一豬棚。

下　途中經過訊號燈，他們攀爬到頂上，振臂高呼。

南無阿彌

左 另一塊鎮流碑在龍蝦灣，面積稍小，刻「喃嘸阿彌陀佛」，字跡未施漆色，面向急流，遙望大嶼山。兩碑靜立海隅，寄託着古人祈福鎮浪的心願，並見證馬灣的悠長歲月。

右 汲水門本作急水，朱翁早年見馬灣天后廟內一聯，上聯寫「汲水無波，穩渡此門風色好」，旁註「光緒七年重修」（1881 年），推測改名當早於此。

事宜章程》，訂明清政府在靠近香港的邊界地區設立由總稅務司署管轄的「洋關」，專責稽查鴉片稅釐與緝私。為便利鴉片商人報關納稅，清廷得港英政府許可，將洋關總部設於香港境內，而各關卡則分布於九龍界限街以外及香港外圍島嶼。1887 年 4 月 2 日，「九龍關」正式成立，總部設於香港皇后大道中 16-18 號銀行大廈二樓，原由兩廣總督管轄的粵海關及釐金局關卡，隨即全數移交九龍關管理，首任稅務司為英國人摩根（T.A. Morgan）。摩根上任後，將之前所設稅卡和稅廠作改組整理，汲水門關廠下設荃灣、谷灣、深水埗三個分廠；九龍城關廠下設沙田分廠，至於長洲及佛頭洲兩處則不變。

配天真
波水無波穩渡此門風色好

馬灣九龍關：急水中的關稅前哨

香港擁有兩大水道，東面佛堂門與西面汲水門。先說後者，當中又以馬灣扼守汲水門咽喉。汲水門，舊稱急水門，早在 1573 年《粵大記》〈廣東沿海圖〉中已有標記，凸顯其水路要衝的地位。位於馬灣西端的這片海峽，朱翁曾這樣描繪：「前望海面，漩渦迴旋，水流激盪，暗湧洶湧。」他指出，內伶仃洋水流至大嶼山東北的拐石咀與青龍頭間，受狹窄地形約束，匯入僅寬 500 米的汲水門海峽，平均流速每小時 5 至 6 海浬，月圓前後尤為湍急，常捲沉來往船隻。古人迷信，漁民更為忌諱，遂將「急水」改為「汲水」，以求平安。1899 年張之洞《廣東海圖說》註「汲水門」條云：「本作急水門，今皆書作汲。」朱翁早年見馬灣天后廟內一聯，上聯寫「汲水無波，穩渡此門風色好」，旁註「光緒七年重修」(1881 年)，推測改名當早於此。

1961 年 2 月 26 日，朱翁在馬灣發現兩塊鎮流碑。一塊位於馬角咀，高約 2 米，面積較大，碑面刻有「南無阿彌陀佛」六字，字跡塗以紅漆。另一塊在龍蝦灣，面積稍小，刻「喃嘸阿彌陀佛」，字跡未施漆色，面向急流，遙望大嶼山。

除此之外，朱翁又在天后廟附近街市巷口尋得一塊刻有「九龍關借地七英尺」的石碑，碑文註有「光緒二十三年七月吉日」。光緒二十三年為 1897 年，那年是英國租借新界前一年。他推測，當時香港已成商港，貨運頻繁，馬灣設九龍關徵稅，因地小需借地，而且只借「七英尺」。對此他認為十分奇特，主要是並未註明向誰借地及何時還，而且「七英尺」無長、寬面積，有點莫名其妙。

離開訊號燈塔後，一行人來到天后廟附近街市巷口，找到兩塊九龍關的石碑，一塊用來墊着垃圾筒，另一塊則棄置於碎石堆中。

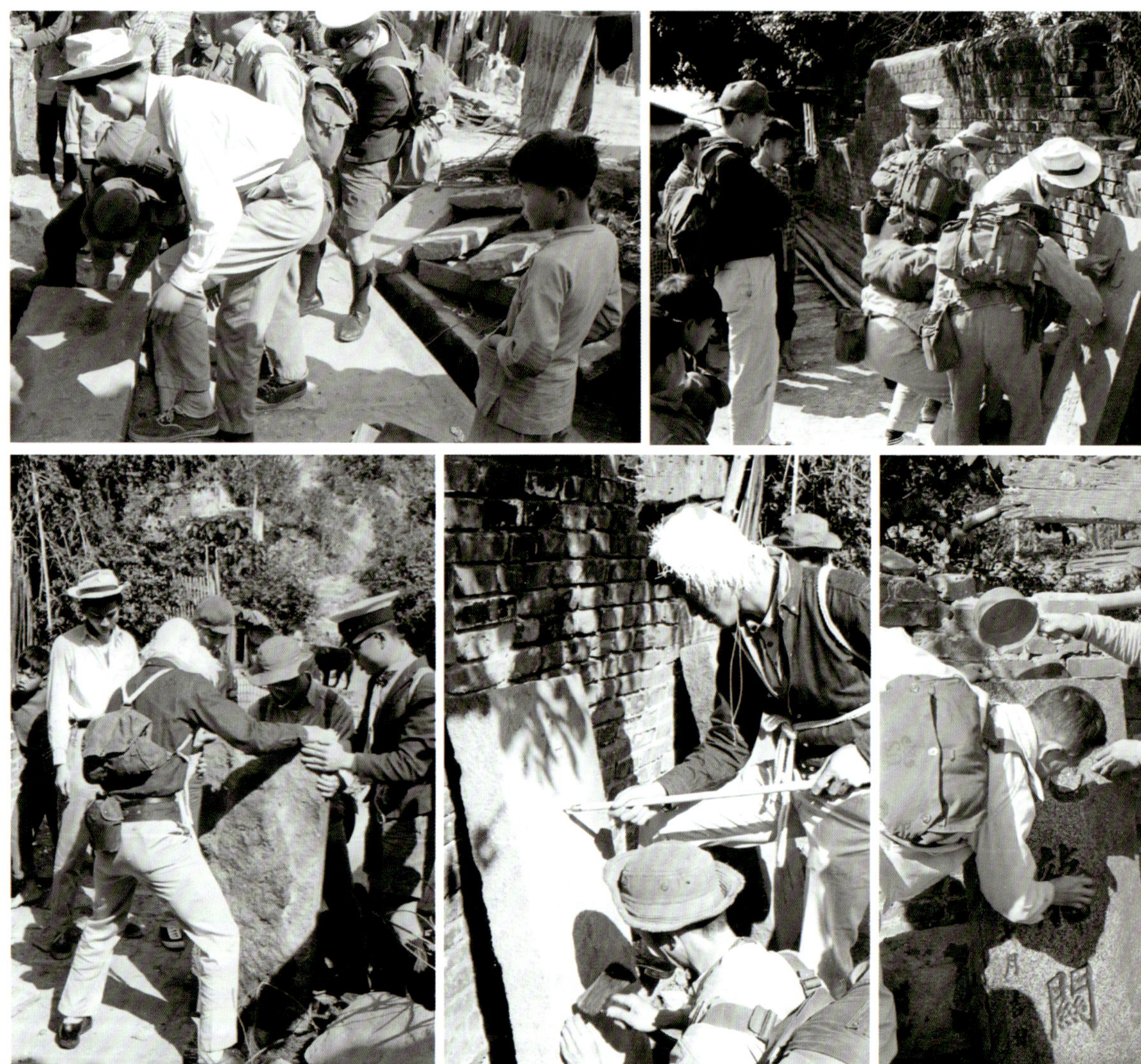

朱翁見狀，立刻着各人合力移放好石碑，並將之洗擦清理乾淨。歷時一個小時。

眾人合照留念。

目前一般的說法是，1897 年，馬灣九龍關因搬往新廠，需建一條小路，因土地使用問題與村民產生爭議。經過協商，村民同意借地，但限定路寬不得超過 7 英尺，並要求九龍關立碑為證。1898 年 6 月 9 日，清政府與英國簽署《展拓香港界址專條》，將新界租借予英國。隨着邊界北移，馬灣九龍關亦於同年 10 月關閉，其稅務職能轉由內地的大鏟與伶仃關廠接管，結束了短暫的運作。

1990 年，馬灣鄉事委員會將「九龍關」與「九龍關借地七英尺」原本獨立的兩塊石碑合併，安置於鄉委會大樓外。2021 年，馬灣舊村草叢中再發現一塊尺寸較小的「九龍關」石碑，碑身無年份記載，推測或為 1887 年九龍關初設時的舊物。此碑的出土，進一步揭示馬灣稅關的早期面貌，為研究清代海關史增添線索。

「九龍關」與「九龍關借地七英尺」兩塊石牌。

上 馬灣之北段風景如畫

下 1963 年 4 月 13 日，朱翁從田下灣乘船出發，沿途經過石廟灣和姑嫂灣，然後終於在佛頭洲西北向西的碇齒灣找到線索。碇齒灣對着鯉魚門，當年等候課稅的船隻和人員，很可能就是在這裏排列，等候上岸。

佛頭洲稅關：清代重修的遺跡

佛頭洲，位於新界清水灣半島以南，今稱佛堂洲，是一個面積約 0.44 平方公里的孤島。島上的稅關遺址因朱翁的發現而重見天日。他憑藉不懈的探索與敏銳的洞察，為香港考古史增添了一頁珍貴記錄。

朱翁的發掘之旅，源於清嘉慶《新安縣志》卷四《山水略》的記述：「佛堂門在鯉魚門之東南，又曰鐵砧門……其北曰：北佛堂，其南曰：南佛堂，兩邊皆有天后古廟。北廟始於宋……廟右曰：碇齒灣，古有稅關，今廢，基址猶存。」當朱翁在 1962 年讀到文中「基址猶存」四字時，竟激發起他探究之心。朱翁當時堅信，百多年前的基址如果尚存，肯定可以追查得到。於是，他利用週日假期，與學生一同前往北佛堂門附近考察，可惜遍尋不獲。甚至有一次大火燒山，他趁機遍踏其間，但仍空手而歸。回到家中，還是不甘心，決定將範圍擴至清水灣半島及鄰近離島。那時候，他以為田下灣便是碇齒灣，後來村民告知，佛頭洲島上有一闊大海灣，叫「古昌灣」，灣後窩地為關廠。他思索後，認為「古昌灣」是「古廠灣」之誤，又將搜尋範圍收窄。皇天不

負有心人，朱翁先後在 1963 年 4 月 13 日及 1964 年 4 月 19 日兩度登島，終在佛頭洲西北向西海灣找到線索。

海灣正對鯉魚門，朱翁在考察時發現，灣後有一座豬舍，灣前停泊兩艘小船。他推想，這裏當年或曾是船隊排列等候課稅之地。他最初在島上發現一塊斷碑，裂為三截，上有「交趾國貢賦」、「通」及「稅廠值

旅行家黃佩佳 1935 年遊佛頭洲後記載所見情形：「……清季嘗設稅關於此，並在灣內築有碼頭。其時該處一帶有小商店及茶室等，後此關遷往三門，商務因之而冷落，今且盡廢矣。祗餘洲之北部，居葉氏五家，耕種以維其生，至於稅關及碼頭之遺址，今尚存也。」[1] 二十八年後，當朱翁踏足佛頭洲時，稅關及碼頭遺址的痕跡幾乎已看不見了，取而代之的是豬舍和耕地。翌年（1964 年）朱翁再訪佛頭洲時，豬舍和房舍的規模更大了，而且有往山坡上發展的跡象。

1 黃佩佳著、沈思編校（2017），《香港本地風光》，頁 327。

豬舍規模頗大。朱翁實地考察後，認為用來建築的青磚和鋪地板的大紅階磚，大有來頭。他與豬舍管理人談過，得知建築材料是就地取材。換言之，就是稅關建築群遺留下來的物料。

理重修」的刻字。碑石斷口吻合，似遭人故意砍斷，認為當年可能是島上村民為鋪路而毀，他對此深感惋惜。豬舍由青磚與大紅方磚砌成，建材取自原地，南段草叢中散落大量碎石斷磚，伴有雕刻精細的石礎與柱座。朱翁相信，若能有系統地清理此地，定會有更多發現。隨行的學生體力較佳，率先探至南段，找到更多遺跡，顯示

穿過豬舍，一行人找到殘缺的柱座和石礎。
再往南走就發現有用石頭堆砌而成的建築。

朱翁在鐵絲網側門發現一塊斷碑，裂為三截，被豬舍的人用來作踏腳石。上有「交趾國貢賦」、「通」及「稅廠值理重修」的刻字。他猜測刻石是被人故意破壞，最終會鑿碎用作補路之用。

豬舍範圍內滿布細碎石塊，朱翁恨時間不足，否則每塊翻過來看，很可能會找到更多殘缺的刻字。

此處曾是規模可觀的建築。他進一步分析，「稅廠」與「值理」之稱源於宋代稅務制度，當時稅網遍布，常外包給商戶聯營，由選出的「值理」代管稅務。

朱翁把這重大發現，以「扶林士」筆名在《星島日報》發表，不過並未引起廣泛關注。斷碑就這樣放在原地十五年，直到1979年，政府才兩度派員前往佛頭洲考察，發現石柱、石板、基石及斷成四截的石碑，包括朱翁未有發現的「遙」字及「德懷」二字。另外，還發現福德宮的遺址，內有石香爐，爐上刻有「佛頭洲福德宮」六字。

右方的是佛頭洲北面的姑嫂灣，對岸可見到赤沙坳、田下坳和大廟坳。

此照片攝於燈籠洲頂，向西北方向望。對岸是大嶼山，右方的是馬灣。朱翁站在這裏俯瞰海面，但見風帆上下疾駛而過，他的評價是：「風光之美，冠絕港九！」

據朱翁所述，當年是香港博物館（香港歷史博物館前身）副館長屈志仁親赴考察。斷碑運回市區後，曾在尖沙咀星光行五樓的館址展出，展品說明標註為「教師朱維德發現」。

朱翁一直相信，這處為宋代稅關的遺址，因《新安縣志》提及「北廟始於宋」，他推測稅關同期而設，並聯繫交趾國（今越南北部）航路與宋代稅制，視佛頭洲為研究寶地。他記述：「對交趾國經香港航路、宋代課稅、古稅關遺物，佛頭洲皆好對象。」然而，新證據修正了此說。

蕭國健在《石頭上的香港史》中分析，石碑上的「德懷交趾國貢賦遙通」應為門聯下聯，上聯或記年份；「稅廠值理重修」中的「值理」疑為官方委任代徵稅釐之人，而「重新」二字表明該稅廠曾經修葺，很可能與光緒十七年（1891 年）清代關廠的修葺有關，因此石碑或為當時所刻，而非宋代遺物。同樣，旅行家黃佩佳亦於 1935 年記述，佛頭洲西面小灣「白沙如銀」，已成頹垣斷瓦，這一景象與清末稅關廢棄的時間吻合，進一步佐證了它的歷史背景。

朱翁站在大嶼山北面的五鼓嶺拍攝這張馬灣與燈籠洲全景，從這裏可以看見還未有汲水門大橋的汲水門 。

小結：百年稅關的歷史見證

馬灣九龍關與佛頭洲稅關遺址是香港海關百年歷史的見證。馬灣「九龍關」與「九龍關借地七英尺」兩碑現被評為三級歷史建築，安置於鄉事委員會旁，記錄了清末稅收與地方協商的痕跡。佛頭洲稅關則於 1983 年 3 月 4 日列為法定古蹟，其斷碑與福德宮香爐現於香港歷史博物館永久展出。朱翁的發現，揭開了這些遺址的面紗，為研究清末海關運作與殖民過渡提供了重要線索，凸顯它歷史遺產的價值，至今仍具研究與保存意義。

黃佩佳 1935 年遊佛頭洲後提到「祇餘洲之北部，居葉氏五家，耕種以維其生」姑嫂灣正是位處洲之北部。從戰前地圖所見，佛頭洲北部在 1904 年已有這大屋建築，後又在屋的右邊加建幾間小屋，很可能就是黃佩佳所形容的葉氏五家了。姑嫂灣位置大約在今日的將軍澳駿日街附近。

第三章

島
篇

寨城戍衛 以保海隅安寧

東涌古城

東涌古城，位於香港大嶼山東北部，原名「東涌所城」，俗稱東涌炮台，是清代珠江三角洲口的重要邊防據點。大嶼山扼守珠江東岸，位於

1962 年 11 月 18 日，朱翁帶領學生暢遊大嶼山。此全景照是他站在薄刀屻拍下的，鳳凰山、彌勒山、禾寮墩、石獅山及東涌谷盡收眼底。1 是約建於 1765 年的侯王宮，從那裏可接上東澳古道。2 是東涌炮台所在，旁邊是上嶺皮村。3 是馬灣村，後改建為逸東邨，全村遷移到山下村前一帶，並改名為馬灣新村。4 是馬灣涌村，是少數東涌仍能保留昔日漁村寧靜風貌的地區。村旁可見俗稱東涌舊碼頭的東涌公眾碼頭。

進出珠江的主要航道，自古便是海上交通的咽喉。明萬曆《粵大記》首載此地為「東西涌」，因東西兩側各有一河涌入海，清道光《廣東海防匯覽》則將它們分標為「東涌口」與「西涌口」。東涌口即今日東涌，因東側鄉鎮發展較盛，人們便統稱此地為「東涌」。考古發現顯示，唐代已有先民在此聚居，以捕魚與務農為生，至宋代形成穩定聚落，到清代則因海盜猖獗與外夷走私，發展為軍事要塞。

清朝十八世紀末，華南海盜肆虐，英國走私活動漸增，大嶼山邊防壓力日重。當時，大嶼山僅大澳與東涌可供船隻安全停泊，大澳駐兵僅三十人，分流炮台遠在島南，鞭長莫及。為加強防衛，清政府決定於東涌設防。據《廣東通志》記載，嘉慶二十二年（1817 年）起，至道光十二年（1832 年）於東涌下嶺皮村旁築「東涌所城」，作為大鵬協右營水師總部，以保海隅安寧。

清代軍事據點

東涌所城面積約 70 米乘 80 米，城牆以修琢平整的花崗岩條砌成，據説石材取自對岸赤鱲角。城牆高約 3 米，正面主牆厚達 5 米，堅固異常。寨城設三門：東門「接秀」、西門「聯庚」、北門「拱辰」。北門為正門，門楣刻「拱辰」，旁有銘文五行：「道光十二年歲次壬辰 兩廣總督部堂李鴻賓 巡撫廣東部院朱桂楨 水陸提督軍門李增階 奏准籌款建造」，左側小字一行：「督造守備何駿龍」。雖經風化，銘文中的「道光十二年」（1832 年）與「何駿龍」仍清晰可辨，標誌着所城完工於該年。三門上方各設小望樓，供瞭望東涌灣之用，內部雖已無傢俱，結構猶存。

城內廣場後保留兩間清代兵房，現改作展覽中心。主牆兩側設石階可登城頭，東西護牆較窄，亦有階梯。北牆置六門古炮，一字排開，炮

左　連接碼頭與馬灣涌村的舊石橋。1969 年新的寶安橋建成，取代了石橋。現在到訪馬灣涌村，仍能看到它僅餘的部分。

右　遠望下嶺皮村。

身規格形制各異，炮身均刻有鑄文，記錄鑄造年代：東側前兩門刻「重二千觔（斤）欽命靖逆將軍奕 參議大臣隆 太子少保廣東總督閣堂祁 兵部侍郎廣東巡撫部院梁 代理佛山同知劉 海豐縣丞即補縣昌監造 道光二十一年十月吉日 砲（炮）匠李陳霍造」（1841 年）。東側最後一門刻「嘉慶十年正月造 重一千二百觔」（1805 年）；西側第二門刻「嘉慶十四年八月吉日鑄造 靖字第八十號 一千觔炮一位，匠頭萬盛爐鑄造」（1809 年）。其餘兩門的刻字，因炮身風化日久，已無從辨認。

東涌學校

上　炮台設三門，分別是東門「接秀」、西門「聯庚」、北門「拱辰」。北門為正門，刻有「拱辰」二字。然而，自東涌公立學校遷入後，校方曾多次以白色油漆書寫校名，覆蓋了刻字。

下　三門上方各設小望樓，供瞭望之用。北門的小望樓當時為教員宿舍。照片中左一及左二分別是黃老師及丁老師。

據 1918 年南約理民府文件顯示，六門炮均非炮台原設，是由政府購自他處，再移置至舊衙門城牆，用來紀念兼收震懾之效。東涌所城距海岸約 1 公里，以當時土炮射程，難覆水路，且後座力強，5 米寬牆垣難承受發射衝擊，防務還得倚靠近海的小炮台。六炮鑄造年份橫跨 1805 年至 1841 年，部分早於所城建成，部分晚於 1839 年九龍海戰，或未在實戰使用。寨城雖然美其名為水師總部，實際上更像行政與駐軍中心。

從宋代駐軍到清代海防的歷史探源

東涌古城的歷史淵源，可追溯至唐宋時期，距今千年有餘。考古發現顯示，唐代已有先民於東涌農耕捕魚，與中原貿易。南宋淳熙年間（1174 年至 1189 年），珠江口私鹽猖獗，大嶼山因地理偏僻兼水道便利，而成為私梟活躍之地。他們不僅販運私鹽至廣州，甚至勾結地方官兵，公然襲擊官府，氣焰囂張。為鎮壓亂象，南宋朝廷派遣廣州知州錢之望率軍戡剿，平定私梟後，東涌駐兵三百人，確保海隅長治久安。這一據點被認為是東涌古城的前身，標誌着此地軍事功能的開端。三年後，東涌治安漸穩，部分駐兵調往九龍，協助建築另一軍事重地——後來的九龍寨城，東涌駐兵因此減至一百五十人。這奠定了東涌與九

東門被人用磚石封住。

上左　政府文件顯示，六門炮均非炮台原設，是政府自他處購入，再移置至舊衙門城牆。

上右　學生在模擬發炮！

下兵　兵營總部旁的樓房暫時充當禮堂和圖書室之用。

龍在珠江口防務中的聯繫，也為後世清代設防埋下伏筆。

到了清代，東涌的軍事地位因海盜與外夷走私而更顯關鍵。十八世紀末，華南海盜肆虐，大嶼山屢受侵擾，張保仔等海盜曾以此為巢穴，與清廷對抗。張保仔投降後，清政府意識到東涌地處珠江航道咽喉，易被盜匪或外敵作為據點，於是加強防務。嘉慶二十二年（1817 年），兩廣總督蔣攸銛與阮元奏准於東涌口設汛房八間、石獅山腳建炮台二座，為初設的防務措施。道光年間，鴉片走私猖獗，英國勢力滲入，東涌防務亟待升級。道光十一年（1831 年），清廷命大鵬水師營分兵，翌年由守備何駿龍督建東涌所城，駐兵四百七十五人，配備三艘大米船、兩艘中米船及一艘撈箏船，負責巡守急水門至屯門水域，查禁鴉片走私。這時，東涌治安雖平穩，卻因鄰近珠江口東岸航線，而成為防範外敵的要塞。

道光十九年（1839 年），鴉片戰爭前夕，東涌所城迎來關鍵時刻。林則徐禁煙引發中英衝突，9 月 4 日，東涌水師船於尖沙咀與英艦交火，爆發九龍海戰，揭開戰爭序幕。戰後，林則徐奏報擊退英艦，東涌所城轄下尖沙咀洋面因山高水深，常為英船聚泊之地，清軍曾調兵痛剿，迫英船撤離。然而，東涌老式水師船難敵英軍西式軍艦，戰爭失利，香港島遭割讓，清廷防務崩潰。最後在 1898 年，新界租借予英國，清兵撤離，炮台隨之荒廢。

港英政府接管後，將炮台改為警署，駐警員二十至四十人，兼具防務功能。1938 年，炮台劃歸佛山華英中學作臨時校舍，二次大戰時被日軍佔用以鎮壓抗日活動。戰後，炮台被改為東涌公立學校校址及東涌鄉事委

左　六門古炮均集中在所城北牆，四門放置在東側，其餘兩門在西側。據推測北門的小望樓曾在 1962 年至 1964 年局部倒塌，1966 年 12 月 28 日當朱翁再遊炮台時，可見倒塌了的小望樓已被完全拆去。

右　北門東側古炮上的刻字。

員會辦事處，校內廣場改作操場，旁建平房課室，該校至 2003 年停辦，距今荒廢二十年。

1979 年 8 月 24 日，東涌炮台列為香港法定古蹟，1988 年進行全面修葺，恢復舊貌、穩固城牆，並設展覽中心，工程於 1989 年 3 月竣工。如今，炮台由東涌鄉事委員會管理。城內地勢由北向南漸高，分三級地台：第一級包括三門與操場，維護尚好；第二級空地與房屋植被叢生，封閉多年；第三級幾成廢墟，野樹掩蓋，僅存兩間廢屋。與深圳大鵬所城相比，東涌所城雖小，規格不低，卻因用途變遷，多數建築物遭拆除或因日久失修倒塌，教人感慨。

古城今昔的滄桑印記

至於另一邊廂的東涌小炮台，命運更為坎坷。據《廣東通志》記載，嘉慶二十二年（1817 年）前後，清政府為控制各國商船出入廣州的必經水道，於石獅山腳建炮台二座，由清軍水師大鵬營管理，全盛時設近七十間兵房及一間火藥局。駐軍官一員與士兵三十人，規模可觀。小炮台與東涌所城相距約 1 公里，兩者建造日子相隔十五年，足見清廷重視海峽私梟與海盜問題。後因戰亂與時代變遷，小炮台逐漸荒廢，雜草叢生。1980 年，東涌碼頭附近臨海山坡發現小炮台遺跡，清除雜草後，顯露出一道曲尺形麻石圍牆，牆角有平台，或為置炮之用。《廣東通志》記載，石獅山原設兩炮台，然至 1980 年僅存一處。據傳，另一座因馬灣涌橋崩塌，僧人取橋石修造「彌勒橋」，致炮台殘缺。1983 年 11 月，政府將小炮台列為法定古蹟。

上世紀，東涌古城重新進入學者視野。1960 年代至 1980 年代間，香港學界逐漸關注古城歷史，許舒（James W. Hayes）於 1964 年撰文，認為東涌炮台與大澳、分流炮台同為晚清大嶼山軍事重鎮。1982 年，蕭國健進一步考證興建年代，凸顯東涌軍事價值。1982 年至 1985 年，香港博物館與古物古蹟辦事處考察東涌，推斷唐代已有先民在此農耕捕魚，並與中原維持貿易關係，奠定東涌千年聚落的基礎。1991 年和 1995 年，侯王廟附近的考古發掘發現了唐代遺跡，證實了這一點。到 1970 年代末，政府因規劃赤鱲角新機場，提出北大嶼山新市鎮構想，1983 年的發展調查報告建議東涌能容納三十萬人口，自此一錘定音，舊墟面貌遂改，古城漸變新城。

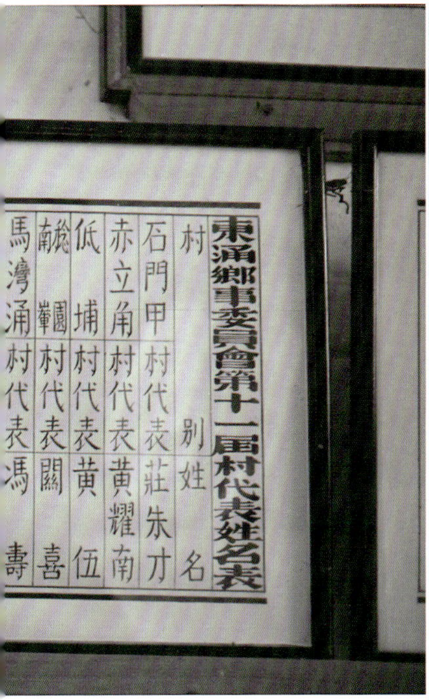

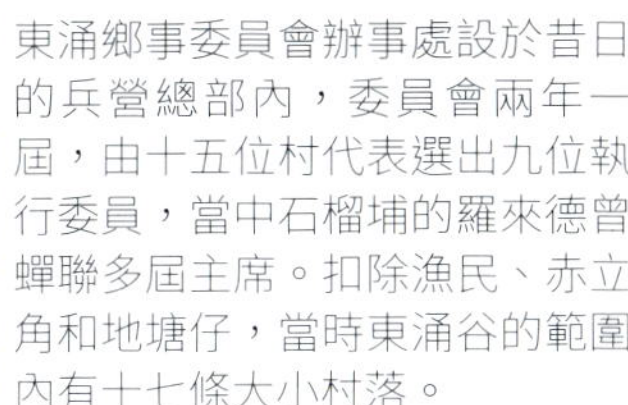

東涌鄉事委員會辦事處設於昔日的兵營總部內，委員會兩年一屆，由十五位村代表選出九位執行委員，當中石榴埔的羅來德曾蟬聯多屆主席。扣除漁民、赤立角和地塘仔，當時東涌谷的範圍內有十七條大小村落。

小結：古炮靜立遊人弔古

東涌古城從唐宋駐軍、清代炮台，到警署校舍，見證千年滄桑。道光十二年建成的寨城，六門古炮仍然靜立城頭，告訴我們過去的海防故事。三面拱門帶着歲月痕跡，站在小望樓處俯瞰東涌灣，昔日軍戰之聲，猶在耳畔。1898 年清兵撤離，古城用途多變，今天以法定古蹟的姿態，面對公眾。沿東涌炮台徑走過來，城牆青苔滿布，石階通幽，遊人可自行憑弔興衰，感受海隅安寧背後的厚重歷史。

禪院鐘聲在生滅之間遠去

大嶼山道場舊貌

位於石壁水塘之上的觀音山，山勢巍峨，南麓延伸至一座山脈，形狀如羌，是早年鹿湖道場的所在地。鹿湖，相傳早年草木茂盛，群山圍繞，中間凹陷像湖，有鹿飲水，所以得名。[1]大嶼山有五大禪林，分別位於鹿湖、昂坪、羗山、地塘仔、萬丈布。當中又以鹿湖與昂坪歷史較悠久，兩者自十九世紀末起，便成為佛教修行的重要場地。

先談鹿湖，它與上羗山相接，位於昂坪西南方，沒有山脊和餘脈與下羗山或昂坪連接，地理位置上可說自成一角。單是寺院和道場就已有三十多座，星羅棋布，散落山間，形成「五步一院，十步一寺」的格局。然而今日的鹿湖，已不復昔日的寧靜。快速公路穿山而過，車流不息，遊人匆匆而過，少有人駐足細味這裏的歷史與風景。唯有靜心而行，方能感受這片土地的深厚底蘊。

1 嚴格而言，在香港唯一能找到的原生鹿科動物是赤麂（Red Muntjac）。赤麂體形較小，天性膽小，對環境十分敏感，叫聲像狗吠。不少人一直將黃麂與赤麂混淆，根據漁護署在2006年的大型普查，在香港出沒的「黃麖」，原來全部是赤麂。

上　1960 年 12 月 29 日，朱翁與學生初到昂坪時，還未有公路，寶蓮禪寺也尚未擴建。他們站在後來天壇大佛所在的木魚峰上，放眼望去，可以見到法華塔、華嚴塔、其他道場靜室和大律師貝納祺創辦的昂坪茶園。

下　寶蓮禪寺第三代山門牌坊，於 1959 年重建，原址在現今大雄寶殿的石級位置。正面橫匾刻有「寶蓮禪寺」，乃筏可大和尚所書，兩側次間分別是「高山」、「地平」，對聯為「此地有崇山峻嶺長留勝蹟，其間可說法安禪修永振宗風」，出自明慧法師之手筆。牌坊背面橫匾刻有「妙湛總持」，兩側次間為「明心」、「見性」，對聯刻有「東北西南四維上下通達無礙，照明佛法開悟眾生波羅蜜多」，橫匾與對聯均為筏可法師所書。

此塔為顯密藏經舍利塔。

環境清幽的鹿湖精舍

鹿湖精舍是大嶼山已知歷史最悠久的道場，前身是純陽仙院，由鄉紳陸師彥、呂景輝及羅浮山道士羅元一（陳炳南）等人於光緒九年（1883年）創建，當中又以羅元一道長為開山祖。顧名思義，純陽仙院以呂祖信仰為核心，當時的呂祖像至今仍在鹿湖精舍內供奉。

早期鹿湖稱作鹿湖洞，取其洞天之意。純陽仙院入口處設有洞門，門上有聯云：「一輪明月開丹竈，八面青山映鹿湖。」如今洞門變為山門，橫額改刻「鹿湖山門」四字，對聯亦改為「鹿苑風清翻掃徑，湖源水淨不沾塵」，出自寶蓮禪寺第二任住持筏可法師弟子明慧法師之手筆。精

左　了塵樂在 1931 年由本覺法師的女弟子慧海居士所建。1955 年慧廣、進禪比丘尼發起重修。1961 年 9 月 24 日是中秋節，朱翁與行侶從大澳出發，準備前往鳳凰山度過兩天的假期。來到了塵樂時，已幾近黃昏，大家獲進禪比丘尼招待在內用齋。即使過了數十年後，朱翁仍然對於了塵樂的名字和環境讚不絕口，十分懷念當天享用的齋菜。了塵樂於 2008 年改建為了塵療養院，主要服務對象為昂坪的僧眾。

右　大嶼山大部分精舍都採用廣東民居的建築風格，兩層為主。照片中是了塵樂的佛殿，位於二樓西單，供奉三寶佛。

舍正門有一石刻橫額，原為「純陽仙院」四字，由閩浙總督何璟（1817 年至 1888 年）題，後改為鹿湖精舍。此外，正門又有刻聯云：「緱嶺分踪雖處天涯皈淨土，嶼山寄跡獨超塵界峙中流」，是末代廣東狀元梁耀樞（1832 年至 1888 年）所書。

那為甚麼純陽仙院由道轉佛呢？據《大嶼山誌》記述，因緣是羅元一道長偶遇來大嶼山弘法的觀清法師。他曾在鎮江金山寺和揚州高旻寺參禪多年，打算在羅浮山結居修行，但清末政局動盪不安，廟產興學政策對佛教摧殘甚多，加上廣東一帶土匪群起，異常猖獗，不少僧人南下。觀清法師便是其中之一。他輾轉來到大嶼山，行至鹿湖洞時，結識

了羅元一道長。二人一見如故，更常常對弈論道。

根據鹿湖精舍的前住持妙慧法師說，當年鹿湖洞有瘟疫，死了十三名道士和道姑。羅元一認為鹿湖洞並非道家福地，只適合興建佛教道場，便慷慨將仙院贈予觀清法師[2]。純陽仙院雖沿用舊稱，但自此由道轉佛，所有院內制度儀式，皆遵禪門軌範，直到 1955 年才正式更名為鹿湖精舍。

2 某日羅元一認為自己修煉多時，已達羽化登仙之境，便將純陽仙院及名下產業，交託觀清法師主持，自行離去。據稱羅元一曾兩次爬上高山，從山上跳躍下來：第一次他跌斷了骨，被人救起後回到鹿湖洞繼續修煉；傳聞第二次跳躍後，現場只餘下他穿的便鞋一隻，後人更為他立衣冠塚，以紀念此事。根據羅元一在大澳的墓地，可知他在 1909 年（宣統元年）羽化。

這張照片記錄了 1961 年鹿湖北部的面貌。1 是樂生助念蓮社四眾普同塔；2 是慧修院，1934 年由荃灣東普陀講寺茂峰法師弟子了修比丘尼出家前創建。傳說 1935 年某天，山上有一顆重數百斤的巨石由山頂墜下，在道場後方牆壁相距一尺的地方才停止。寺院沒被波及，大家都覺得是個奇跡，更加相信鹿湖是修行的好地方。3 是鹿湖精舍和六角亭，4 是竹園，1933 年由荃灣芙蓉山竹林禪院融秋法師的弟子茂昌比丘尼出家前創建，據說戰前道場內曾有慈禧太后御筆蓮花中堂一幀，蓋有鮮紅御璽。5 是法華淨苑，1940 年由瑞光、戒理兩位比丘尼及筏可大和尚的弟子何淨恒居士創建，戰時送予人和尚為靜室。道場天台有一尊望海觀音，極具特色。

鹿湖精舍的建築風格樸素而不失雅致，院內亭台樓閣與周邊自然景觀融為一體。當朱翁 1961 年踏足鹿湖時，便對此地心生嚮向，認為是修行之人靜心潛修、追求解脱的理想之地。

根據非正式的統計，鹿湖現時有近四十所道場，超過一半擁有接近九十年歷史。

左　在彌勒山般若殿下可以找到四座佛塔，從左至右分別是「收藏舊佛像經書」、「顯密藏經舍利塔」、「彌勒菩薩諸天寶塔」及「觀音殿」。般若殿第二任當家了見比丘尼之墓就在四者中間、較貼近舍利塔的位置。現在塔群被密林圍繞，遊人甚少前往該處。

右　收藏舊佛像經書塔在 1957 年建成。佛像佛書不可隨便丟棄，這座塔便用來收集不要的造像和經書。

左　這座彌勒菩薩諸天寶塔建於 1958 年，塔內藏有三藏（經、律、論）。寶塔共有兩層六面，其中一面只刻了一個「佛」字，其餘各面分別刻有護法諸天菩薩的名號和不同藏文經咒如《蓮師心咒》、《五方佛心咒》、《大白傘蓋節要真言》、《六道金剛咒》等。塔下有圓形基座，上面寫有「李才建造」。

右　前身為「舍利寶塔」。明慧法師在《大嶼山誌 》描述如下：「舍利塔……有四角尖形塔一座，中供佛舍利子。塔下壓巨石數塊，中刻『福海靈山』四字。遠眺巨海，一望無際。每當夕陽啣山，回光返照，如萬道金蛇。」1960 年代改為觀音殿，內有觀音像。

昂坪的十方叢林

昂坪，是大嶼山的一片淨土，四周群山環抱，坐落鳳凰山與彌勒山山峰之間，是昔日登山者的中途休憩地。朱翁形容，昂坪的自然風光極其壯麗，從鳳凰山百丈坡頂俯瞰，宛如一隻巨龍的爪子按在大地上，山脊延伸至石壁水塘，形成了「青龍踏爪」的奇景。

寶蓮禪寺尚未建立之前，土地一片荒蕪，到清末民初年間，始有南來僧人在此地結居修行。考查寶蓮禪寺歷史，最早可追溯至光緒二十年（1894 年，同年中日甲午戰爭爆發）[3]。當時有三位來自江蘇省鎮江金山寺的法師，分別叫大悅、頓修、悅明。他們來到昂坪，只見有一位苦行僧

3 關於寶蓮禪寺前身大茅蓬的創辦年份，歷來有兩種說法，另一個是 1906 年。1894 年之說，出自《大嶼山昂平寶蓮禪寺各項法事記略暨同住規約登記》手稿中的〈傳戒紀略〉一節。

昂坪各道場中，以般若殿位處最高，海拔為 524 米。般若殿由觀清法師的弟子德能比丘尼創建，門口有對聯「普度群生離苦海，拔除煩惱出三途」。精舍內有巨鐘一口，直徑約 3 呎，高約 5 呎，每當敲鐘，鐘聲響徹昂坪，時人俗稱為「鐘樓」。第二任當家了見比丘尼往生後，由在家弟子三姑打理。

的破爛茅蓬尚在，人已不在。三人志同道合，修復茅蓬，稱之為「大茅蓬」。大茅蓬落成後，吸引了更多南來僧人加入。他們一起「種山蔬，置法器，草創禪門模範」，漸具叢林規模。

1924 年，定佛比丘尼從金山寺請紀修法師主持她在地塘仔創建的楞嚴壇，但紀修法師乘船到大嶼山後，卻錯過了在東涌上岸，一直前往大澳，最後下船登山至鹿湖，遇上悅明等一眾法師。他們見紀修法師是一能幹僧才，於是懇請法師出任大茅蓬住持。紀修法師將眾人的靜室合併，加建木屋禪堂，效法金山寺宗風，從此將大茅蓬改為寶蓮禪寺，法師亦為第一任住持。

除寶蓮禪寺外，昂坪還有大小精舍靜室數十間，絕大多數為女眾修習之所。

寶蓮禪寺的大雄寶殿於 1928 年落成，最初稱為三寶殿，門口掛有穀林法師所撰之聯「靈鷲恒常住，蓮華浩劫香」，與左右兩旁的「雲深處」（客堂）及「金剛窟」（禪堂）並排連接成一體。上左及上右分別攝於 1961 年 9 月及 1962 年 10 月。兩個月後朱翁再訪寶蓮禪寺時，剛好遇上大殿重修，拍了下左這張難得的照片。大殿重修後，改為「大圓滿覺」，至於雲深處及金剛窟則保留不變。這座主體建築原本位於 2014 年落成開光的萬佛寶殿地塊上。

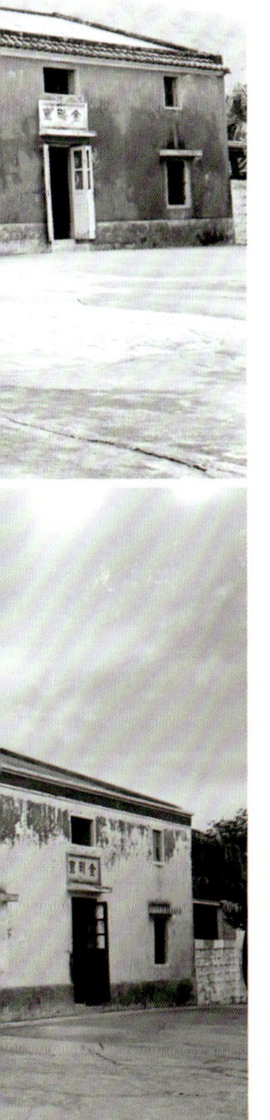

筏可大和尚於 1932 年在寶蓮禪寺講《妙法蓮華經》（下稱《法華經》）三個月圓滿後，在木魚山建塔一座，內藏《法華經》七卷，以茲紀念，是為「妙法蓮華經塔」（簡稱法華塔）。塔的底座刻有《法華經》〈方便品第二〉其中一偈：「若人散亂心，入於塔廟中。一稱南無佛，皆已成佛道」。塔旁有巨石一塊，一面刻「天風海濤」，另一面刻「轉大法輪」。

在昂坪高地入口處有一座牌坊，那是車路未開通之前，從大風坳往寶蓮禪寺的必經之地。牌坊正面刻有「海天一境」四字，下款為「如是觀」；背面則刻「風平浪靜」，上款為「祈禱世界」，下款為「筏可」。牌坊正面對聯云：「願乘雲水毋疲滄涯入寶地，行仰高山歷過崎嶇自坦平」；背面對聯云：「大路在前須分明認去，一肩擔下當努力將來」。全部為筏可大和尚所題寫。（下）可見剛建成不久的昂坪路。2019 年獲古諮會列為二級歷史建築物。

1953 年，香港一名姓張的殷商出資，在鳳凰山至木魚山的相連處山坡，興建華嚴塔。塔共三層，依《華嚴經》意，分別供奉毘盧遮那佛、盧舍那佛及釋迦牟尼佛。塔門橫額有「光明偏照」四字，正門上方寫有英文翻譯 “Light of Enlightenment Comes Everywhere”。門前有欄杆圍繞，並有刻聯：「百重雲水周行處，平地高山先照時」。原本塔門有刻聯：「獅子頻呻芳草綠，象王回顧落花紅」，但後來不知何故移入塔內。兩者均為筏可大和尚所書。塔內牆壁亦嵌有多塊法師手書《華嚴經》偈頌的碑刻。華嚴塔平日關閉，不開放參觀。

下左　行走中的僧人和居士，在 1960 年代的大嶼山隨處可見。

下右　從東涌地塘仔上山，沿斜坡走到鳳凰山腳的高原處，有一座小牌坊，由貝納祺御用大律師（Brook Antony Bernacchi）所建。正面刻有「東山法門」四字，對聯云：「到此已為無俗慮，上來自覺有天然」；背面則刻有草書「鳶飛魚躍」四字，均出自明慧法師的手筆。走進牌坊，放眼便見四周廣闊的農田，都屬於貝納祺的昂坪茶園；轉過山坡，寶蓮禪寺即映入眼簾。東山法門為法門古道的起點，沿古道可一直走至東涌石門甲，是昔日東涌村民來往兩地的要道。不過牌坊在 1970 年代末遭拆除，在原址重建後，竟反轉方向，「東山法門」改為向地塘仔東涌方向，對聯也改為「到這裏一塵不染，行將去普利群生」；背面則書「南天福地」，面向昂坪，新增對聯「道心惟微惟精惟一，天性常住允守厥中」。現在牌坊基座上刻有三句英文“TO THE GREAT MONK SING WAI：THERE IS NO TIME. WHAT IS MEMORY?” 近來有史地研究者欲追尋誰是 SING WAI，可惜將佛門人物張冠李戴。

萬丈布飛龍在天

萬丈布，又稱萬丈瀑或水嘮嘈瀑布，位於二澳東北，從 1000 餘尺高的山峰傾瀉而下，高 10 餘丈，蜿蜒曲折，形成多個清幽小潭，是大嶼山最長的瀑布。瀑布下方有一深坑，溪流直通大澳虎山。萬丈布上靈會山山腹有一所慈興寺，寺後降龍石上有一條飛龍，活靈活現，充滿傳奇色彩，吸引不少人慕名而來。

萬丈布瀑布的源頭在慈興寺，溪澗潭瀑相連。牌坊旁的一條伏虎溪，蜿蜒數里，每逢雨季，山洪洶湧，行人艱難。度輪法師於此溪穿過上靈山道場牌坊的路上，建一弓形石橋，橋下闢放生池，引水順流，既便行旅，亦澤愚痴眾生。牌坊與石橋靜立山林，迎接有緣人入門同修善果，數十年未改。唯一變化的是四周風光。

上　萬丈布又稱水嘮嘈，因每逢暴雨，水聲如千軍萬馬，極為嘮嘈；又因瀑布從 1000 餘尺高的山峰傾瀉而下時，遠觀者覺得像一匹萬丈長的布，故取此名。

下　大殿內掛有度輪法師的德相。

佛
慈興寺
到此地共證菩提
入是門同修善果

上　兩張照片攝於 1966 年 12 月。慈興寺山門牌坊，正門橫匾「慈興寺」，上款「乙未三秋（即農曆九月）」、下款「譚果璞敬書乙未三秋（即農曆九月）」；對聯為「入是門同修善果，到此地共證菩提」，上款「乙未重修興建」、下款「八十一老人譚果璞」。背面橫匾「靈山道場」，並和落款，對聯為「慈度群生登彼岸，興隆佛法覺迷津」，上款「乙未九月題此慈興禪寺額門」、下款「三寶弟子譚果璞拜書」。譚果璞即是香港商人譚璞才，原本信奉道教，拜呂祖純陽仙師，是通善壇的弟子。1951 年冬天，度輪法師於通善壇講《地藏經》期間，得呂祖乩示壇內弟子皈依三寶。譚璞才聽聞法要，感悟佛教慈悲精神，心有感觸，加上讀此詩籤，於是皈依度輪法師，法名果璞。

下　朱翁站在飛龍處飽覽萬丈布，左下角隱約可見石上寫着「請勿攀龍」。前方的是龍仔悟園，由紗廠大亨吳昆生於 1960 年代所建。

慈興禪寺的前身是國清禪院，於 1930 年由法傳法師創建，寺旁是一幢兩層別墅，屬於道亨銀行的創辦人董仲偉。1941 年 12 月香港淪陷，國清禪院是當時游擊隊的作戰基地。日軍掃蕩大嶼山時，炸毀了禪院，殺害法傳法師。僧人見狀四散，禪院只剩斷壁頹垣，至於董仲偉的別墅則相對保存較好。

戰後，來自東北吉林的度輪法師（1918 年至 1995 年，後稱宣化上人）負起復興重任。1952 年秋，董仲偉皈依度輪法師，獲賜法名果耆。董仲偉慷慨捐出別墅，並協調將國清寺一併布施給法師。萬丈布靈會山地處偏僻，人跡罕至，度輪法師視為修行聖地，決心在此重建寺院。由於財力有限，度輪法師先修繕別墅，暫時充當佛殿用。1954 年春，別墅與客堂修繕完成，別墅改為西方三聖殿，並於準提菩薩聖誕舉行三聖崇陞典禮，標誌西院落成。大雄寶殿（東院）在兩年後建成，於觀音菩薩聖誕舉行如來崇陞典禮。之後法師亦陸續增建齋堂、關房與茅蓬等。

慈興寺的興建過程極為艱辛。度輪法師每日凌晨三點步行兩小時下山到大澳，再乘船到市區講經化緣，下午又要趕回大澳。化緣所得多用於購買紅毛泥、鐵枝、瓦片等材料，每次法師都親自背着數十斤的糧油與建材回寺。當地石匠也在附近山頭開鑿麻石，製成石磚，用來建築大雄寶殿。但石匠只打石，不會負責搬運，所以法師和弟子只好逐塊石頭搬回寺裏。

興建過程中，發生了一段奇特故事。當時寺內常出現一條紅頭綠身的毒蛇，僧人捕蛇後將牠放入鐵

上　大雄寶殿在 1956 年夏天落成，匾額「大雄寶殿」四字由國民黨元老于右任題寫，上款「度輪法師」、下款「中華民國四十五年 于右任」。對聯「度胎卵濕化眾生同圓種智，輪成住壞空塵劫永證真常」採用鶴頂格，嵌入「度輪」二字，下款「莫德惠題」。度輪法師弟子敘述，修建慈興寺時，在地下發掘到不少骸骨，相信是遭日軍殺害的游擊隊隊員。他們後來修復時，又在牆上發現子彈痕跡。

下　三寶佛法相莊嚴。

大澳凌風石澗旁的摩崖石刻，攝於 1961 年。崖面鐫刻「佛語心宗」、「法門聞中入，聖道第一流」、「弘傳不朽」，字跡蒼勁清晰，皆出自筏可大和尚手筆。法師精研漢隸名作《石門頌》，盡得其筆意精髓，隸書風骨卓然，個人風格獨樹一幟。下款「如是」，乃法師常用筆名之一。

降龍石上金龍騰躍，鱗光映日。心動之下，朱翁攀上龍背，再向龍首進發。飛龍在天，勢作衝向雲霄。

桶，送到數里外放生，卻發現蛇總先於人返回寺內，甚至有蛇在途中消失，後又完整現身佛堂前。度輪法師認為根據佛教，蛇是龍的族類，決定在寺院後方山坡上塑造一條條栩栩如生的「金龍」，希望能鎮住毒蛇。金龍落成後，法師再持誦《楞嚴咒》七天，毒蛇果然不再出現。據度輪法師的弟子所言，金龍造好後，寺後有一巖口湧泉出水，長年水流不斷，即使天旱時也不會乾涸，度輪法師稱之為「龍口水」。寺方又指，有水質學家把「龍口水」拿去化驗，發現水質非常清純，毫無雜質。

1959 年，度輪法師派弟子在美國成立中美佛教總會，後改名為法界佛教總會。1962 年，法師正式到美國弘法。慈興寺曾在 1962 年至 1974 年間，由同樣來自東北的倓虛法師的弟子法藏法師代為主持。後來度輪法

1955 年，度輪法師命弟子陳果昇居士在慈興寺左後方的三塊岩石上，利用天然地勢，塑造金龍。翌年金龍製成，長約 4 米，顏色鮮艷，栩栩如生，已成為大嶼山無人不曉的景點。

師將寺院交給他的弟子管理，當中不乏來自美國的僧人。慈興寺是一所以修行為主的寺院，寺中僧人嚴持戒律，作風低調，平日這裏一般不對外開放。

小結：珍護靈山法界

城市化的腳步加速，大嶼山漸被基建吞噬，舊貌難尋。「嶼山初地」的古道與牌坊，早已化為車水馬龍的公路，昔日山林的靜謐不復存在。寶蓮禪寺演變為中外聞名的旅遊勝地，天壇大佛於 1993 年落成後，更引來遊客如織，塵世喧囂掩蓋了禪林清音。另一方面，無常之風吹散了緣起而生的道場。出家人數日減，承繼乏人，不少修行者又離開大嶼山，遷往市區安居，許多精舍日漸冷清。禪院鐘聲，於生滅之間遠去，留下的不僅是對過往的追憶，更是對未來的期盼。願這片淨土在時代的洪流中，守住法身慧命，讓鹿湖的清泉、昂坪的禪心，與萬丈布的法流，於正念中延續，喚醒後人以菩提心珍護此靈山法界。

幽幽地宮
承載君王的夢

黃龍坑永福疑陵

黃龍坑位於大嶼山東涌東南的深谷之中，四面環山，地勢險峻而幽深。這裏曾被懷疑是南宋端宗趙昰下葬的永福陵所在，但真實面貌仍籠罩在重重迷霧中。在上世紀五十、六十年代，有旅行家和學者根據歷史記載與考古探索，認為這片偏遠的山谷很可能埋藏南宋皇室最後的隱秘，因此成為眾人探究的焦點。

黃龍坑探疑

1963 年 5 月 7 日，朱翁在《星島日報》〈風光掌故〉專欄中，詳細描述他在之前一個月的考察經歷。他提到黃龍坑的地理位置極為隱蔽。黃龍坑位於東涌東南的一片深谷中，地形四面環山：東邊是二峒鴨腳瀝，北邊靠近薄刀屻，南邊有大峒，西邊則是石獅山。只有一條狹窄的通道通往外界，與東涌坑相連。谷中曾經有一村落也叫黃龍坑，但當時已遭廢棄，農田也荒蕪了。廢村後方有深谷，樹木茂密，兩邊的山像屏風一樣夾着這片土地，山脊上長滿了灌木和草。

事緣有一次，朱翁好友馬亨霖與同行者在牛牯塱附近爬山，因為錯過時間，便尋找捷徑下山，穿過鴨腳瀝西北坡的密林與陡脊，無意間發現了一些石堆遺跡。事後馬亨霖向朱翁提到這發現，引起了他的好奇

朱翁一行人由東涌起步，沿小徑入到新東涌坑村落。

心。朱翁一直懷疑黃龍坑與宋帝昺逃難時看到的「有黃龍現海中」[1] 有某種關聯。

於是，朱翁約了綽號「癲馬」的馬亨霖及學生在復活節假期一起去探查。這些石堆位於黃龍坑廢村東北約 800 碼處，海拔大約 1200 英呎。他們沿山脊行走，途中看到許多石堆。山脊朝西南方向延伸，稍微轉身就能看到鳳凰山的壯麗山峰，氣勢宏偉。朱翁推測，但凡山坡上的石堆，通常有兩個用途：一是用來建造梯田以種植，二是用來鞏固土壤防止山洪。然而，他們沿途而行的山脊非常陡峭，怎樣看也不適合耕種。如果說是防洪，那裏上無屋舍、下無村落，沒有需要保護的東西。即使整個山脊坍塌，也不會對過去的黃龍坑村民造成影響，所以村民不太可能花費如此多的精力來建造石堆。

既然如此，朱翁便大膽設想：如果這些石堆中真的隱藏着某種秘道，那麼永福陵的謎題或許能解開。

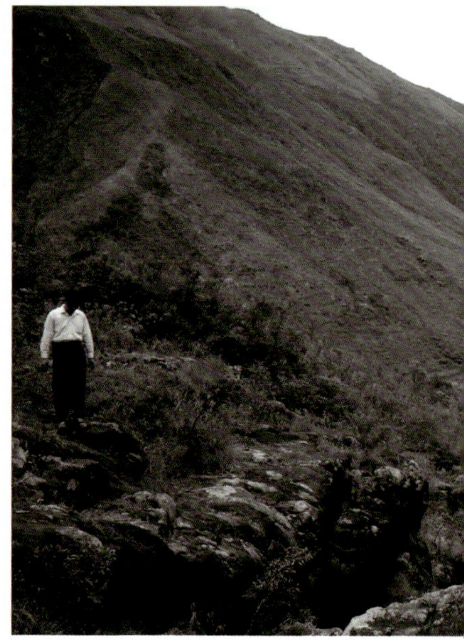

宋帝昰與永福陵之謎

南宋末年，宋端宗趙昰（宋帝昰）與宋少帝趙昺（宋帝昺）兩兄弟在 1276 年南逃，流亡路線普遍認為與香港有關。據陳仲微《二王本末》記載，他們途經官富鹽場，後輾轉抵達梅蔚，梅蔚當時為南宋流亡朝廷的駐地，明人張

1 見清徐松《宋會要輯稿》。《宋史》作「有黃龍見海中」。

上左 繼續往黃龍坑進發。

上右 準備入坑。

下左 入坑初段頗為崎嶇。

下右 據朱翁說，黃龍坑的右坡上段位置，很可能就是疑陵所在。

詡《厓山志》亦記載他們在大嶼山一帶曾建有行宮[2]。趙昰在此病逝，年僅九歲，隨後草葬於所謂的「永福陵」。趙昺在其兄去世後繼位，是為南宋最後一位皇帝。隨着元軍步步緊逼，朝臣陸秀夫護送年僅八歲的趙昺和楊太后一路逃亡，最終抵達新會崖山。崖門海戰中，宋軍慘敗全軍覆沒。為表忠義，陸秀夫抱着小皇帝跳海殉國，南宋自此滅亡。

關於梅蔚，一般學者及史地研究者如羅香林教授等多相信即是今天的梅窩。此說法雖有爭議，但屈大均所著的清代筆記《廣東新語》記載了「其前為大奚山（即大嶼山），林木蔽天，人跡罕至，多宋忠臣義士所

2 「梅蔚山，在東莞西南二百八十里，山巔有宋帝石殿尚存，今地隸新安。」

當隊伍終於抵達石堆所在的斜坡時，日已西沉。他們繼續向上攀爬，終於抵達山頂。

葬」，卻又進一步佐證了大嶼山與南宋皇室的密切關係。

至於永福陵的具體位置，歷來更是存在多種說法。其一是碙州說：南宋遺民鄭思肖《心史》中記載，「景炎帝欑葬於碙州，謚端宗，陵曰永福。」大嶼山被認為是碙州的可能地點。朱翁憶述，他曾與簡又文先生見面多次，討論宋末二帝入粵的輦路問題，簡同意朱翁對碙州所在的看法，在〈碙州何在〉一文引用。[3] 其二是崖山說：《厓山志》：「葬端宗於厓山（位於新會），陵曰永福」。然厓山遺址中，未曾發現皇陵的確切位置。其三是壽星塘說：清顧祖禹《讀史方輿紀要》載：「宋端宗死於舟，葬壽

3 《大陸雜誌》第 36 卷第 5 期，1968 年。

星塘。塘側陵跡有五，蓋遺臣馬南寶所築疑塚也。」此謂宋帝昰死於船上，葬於壽星塘，塘邊雖有陵跡，但很可能是南宋遺臣所築的虛墳。

與黃龍坑類似的，還有深圳南頭赤灣村的「宋帝陵」。據台山《趙氏族譜》記載，有僧人發現趙昺的遺骸漂浮，知是帝骸，於是禮葬。然而，這一說法飽受質疑。像許地山教授在 1941 年發表的文章〈香港考古述略〉指出，赤灣帝陵碑文中「祥慶」年號為誤寫，如趙昺在崖山跳海殉國，遺體不可能漂浮至此。他認為，赤灣帝陵應屬於其兄長趙昰的永福陵。羅香林教授則補充認為，為混淆視聽，宋朝遺臣可能在沿海多地建「疑陵」，赤灣皇墳或為這策略的一部分。

說回朱翁尋陵之行。當隊伍終於抵達石堆所在的斜坡時，暮色已沉，山間籠罩在層層陰影之中。朱翁仔細觀察四周，卻始終未發現任何異常。然而時間緊迫，他們無暇久留，只好繼續攀登。面對陡峭的山坡與鬆散的泥石，前路充滿艱險。一行人如壁虎般貼山而行，歷經重重挑戰，終於攀上山頂。站在峰頂之上，大家相視而笑。至此，夜色愈發加深，他們不得不摸黑下山。

小結：未解之謎，未圓之夢

無論是黃龍坑的石堆疑陵，還是前文已述的九龍宋王臺，共同構成了一幅香港作為南宋流亡朝廷避難地的歷史畫卷。我們從中不但能感受到宋室與嶺南的深厚聯繫，也能體會香港在中國歷史與文化中所承擔的特殊角色。

對於黃龍坑的謎團仍然未解，朱翁雖然感到可惜，但他也不得不承認探索的過程卻令人難以忘懷，是極其珍貴的體驗。他深信終有一天，會有更多有能之士去揭開它的秘密，完成這段未圓的尋陵夢。

有人煮海 有人抬兜

遺忘了的大澳記憶

大澳，一個位於大嶼山西陲的漁村，今日看似偏遠靜謐，卻曾是香港歷史長河中的一顆明珠。它的歷史可追溯至北宋時期（約 960 年），當時已見諸文獻的「海南柵」鹽場，便坐落於此。明萬曆年間《粵大記》的地圖，亦標註了「大澳」之名，足見它早年的地理與經濟地位。大澳扼守珠江口東面，三面環山，東北有象山、獅山，西有鳳山，西南則倚虎山，形成天然內海灣，水道如「丫」字展開，俗稱「大澳涌」。這片水域不僅庇護舟楫，更孕育了漁業與鹽業的繁榮。

從北宋鹽場到珠江咽喉

清初遷海令迫使居民內遷，漁鹽活動幾近停滯。康熙八年（1669 年）復界後，漁民與鹽工陸續回歸，東莞、新安縣等地廣府人與客家人亦遷入，耕漁並存。到了十九世紀清末，大澳成為珠江口交通樞紐，舟船往來不絕，鹽田與漁港相輔相成，永安街、太平街初具商業雛形。大澳人口在當時高達二、三萬，涌上漁船不下五百艘，堪稱大嶼山「首邑」。隨着時代變遷，這片水鄉的光輝漸被塵封，今日常住人口僅餘二千餘人，昔日盛景不復再矣。

1961 年 9 月 24 日（星期日）是中秋節，朱翁、「千景堂主人」李君毅、黃[illegible]華、未名社創辦人林金城等人從大澳出發，準備前往鳳凰山度過兩天的假期。朱翁站在岸上觀棚屋與三涌口，感慨無限。對他而言，驟視之下，大澳宛如香港的曼谷。

照片可見上方是太平街的永助聖母小堂和永助學校舊址。1923 年，永助學校創辦，是大嶼山最早的村校，吸引周邊的漁民和農民子弟入讀，當時是全島聞名的「名校」。可惜，2003 年因人口外流、學生不足，學校被迫關閉。永助聖母小堂建於 1937 年，校舍 1961 年加建，現在兩者仍開放。走進這寧靜的白色教堂和老校舍，彷彿能聽見當年的讀書聲。

朱翁説，大澳的命運，似乎早被一句俗諺道盡：「大澳涌，兩頭通。」水流兩端匯入伶仃洋，財富隨之流散，難以聚積。《新安縣志》記載，大澳地勢「前迎大海，後倚崇山」，風水雖有「四靈守護」（虎、鳳、獅、象四山），卻因水道分割，發展受限。1971 年大澳道通車，赤鱲角機場與三座大橋落成，本以為大澳將迎來新生，誰知景況依舊。究其原因，或許正是這條涌，既令大澳一分為二，也將機遇沖往他方。

大澳鹽田的興衰

若説大澳是珠江口的明珠，鹽田便是光芒的源泉。香港製鹽歷史源遠流長，漢武帝時已設鹽官於番禺，宋代更在九龍灣設「官富場」，產量激增。至清代，大澳鹽田成為香港最後的鹽業堡壘，開築可追溯至乾隆年間（1736 年至 1796 年）。據南涌新村天后廟碑文記載：「鹽田築於乾隆之歲，環繞有太平永安之街衢。」清廷為振興鹽業，在大嶼山與虎山間築堤圍海，將淺灘化為鹽田，面積曾佔大澳三分之二，縱列交錯，蔚為壯觀。

1930、1940 年代是大澳鹽業全盛期，鹽田遍布寶珠潭、新基村、坑尾溪至南涌，鹽工逾三百人，日運鹽船近三百艘，經濟地位可與漁業比肩。然而，盛極必衰。日佔時期鹽業受日軍管制，私鹽走運猖獗。戰後雖曾短暫復甦，卻因泰國與內地廉價食鹽湧入、漁業減產導致醃鹽需求

1961 年的老照片記錄了抬兜的情景。據回憶，抬兜者多赤足或穿「皮鞋」（皮底涼鞋），每趟往返，腳底磨出血泡亦不言苦。

驟減，加以政府忽視，鹽業自 1960 年代開始步入夕陽工業行列。1977 年，最後一位老鹽工因年邁停工，為大澳鹽業畫上句號。昔日鹽田，或改建為公路與住宅，如達安鹽場已成為巴士總站；或荒廢成紅樹林，如天生鹽場。1980 年代後，鹽田遺址多數湮沒，僅存照片與老人口述，訴說那段煮海為生的歲月。

1960 年代初，旅人尚能在大澳遠眺鹽田，田面如鏡，鹽工車水，夕陽映照，美不勝收。如今，亭旁樹蔭遮蔽視線，鹽田已成絕響。

山野間的人力剪影

若鹽田是大澳的經濟命脈，抬兜則是交通的血脈。在大澳道通車前的數十年，大澳與昂坪間崎嶇山路不通車輛，往來全憑步行或肩挑。於是，「山兜」應運而生——兩根長竹穿過藤椅，兩名或四名抬兜者前後擔抬，載客翻山越嶺，直抵寶蓮禪寺或萬丈布。這項職業在大澳獨具特色，尤以婦女為多，男性反成少數，堪稱人力史上的一道奇景。

抬兜的起源或可追溯至清末，當時大澳碼頭未建，客船抵達橫水渡（今大涌橋）處，登山者多僱山兜。抬兜不僅載客，亦運貨。每當山上僧人下山求醫，也仰賴這交通工具。1950 年代，收費按距離、重量而定，每趟五至二十元不等，遇外籍遊客，更是偶有賞錢。據傳港督葛量洪伉儷、何東女兒等名流，亦曾乘山兜至昂坪，足見有多盛行。

1971 年 3 月 29 日，大澳道通車，山兜時代隨之落幕。車輪取代人力，抬兜婦的身影漸遠。今日回望，那些赤足翻山的背影，恰似大澳人堅韌的縮影，絕對值得我們欽敬。

漁民生活的浮沉

大澳的棚屋，既是漁村的標誌，亦是這片水鄉最動人的風景，它承載了約二百年的歷史與生活記憶，如今是被時代遺忘的印記。

漁民居所的演變，分三階段：最初為浮家泛宅的漁船，後發展為水陸兩棲的棚屋，最終定居陸上。棚屋始於清末，漁民以木柱固定舊船於沙灘，逐漸演變為木架和葵葉搭建的桶形居所。經濟稍佳者，用麻石為樁；近代則改用木材、鋅鐵皮，甚至水泥磚塊。

漁民因漁船空間狹小，無法容納全家，又想讓老人小孩安全，便在永安街、太平街近岸處搭建簡易房屋。這些棚屋用葵葉蓋頂、木板為牆，底部以赤鱲角運來的石柱支撐，建於水面半米高，易拆易建，形似戲棚，故名「棚屋」。早期棚屋多為一層，呈半圓或三角頂，分睡房、客廳和神位區，棚頭和棚尾作為陽台，用於曬魚、補網或停泊小艇，梯子通往水面。每戶棚屋居民都會有小艇，便利出行。1960 年代起，棚屋改用木板、鐵皮和柚木，建成平頂兩層樓，支柱換成堅固的坤甸木，不過需向政府申請許可，且高度受限。木材多從澳門購入，選好日子動工，一間 500 呎的棚屋在 1980 年代要花七八萬元。最老的棚屋區在一涌、二涌、三涌，後擴至沙仔面、新基棚等。

上　從永安街渡頭望向街市街，可見街市街 1 號的海安木廠（海安杉榫），這棟 1930 年代初建的露台式唐樓是大澳最早的建築之一，現為二級歷史建築。旁邊的街市街 2 號曾被考慮列為二級歷史建築，但 2016 年遭拆卸，當時尚未成為滙豐銀行。

下　拍攝於對岸，從街市街渡頭望向永安街，隱約可見大生堂蔘茸的招牌，那是大澳最老牌的中藥店之一。左側靠近河涌的永安街 22 號，曾是綠竹竹簾製造廠，如今附近設有碼頭，遊客可乘船遊覽大澳景色。

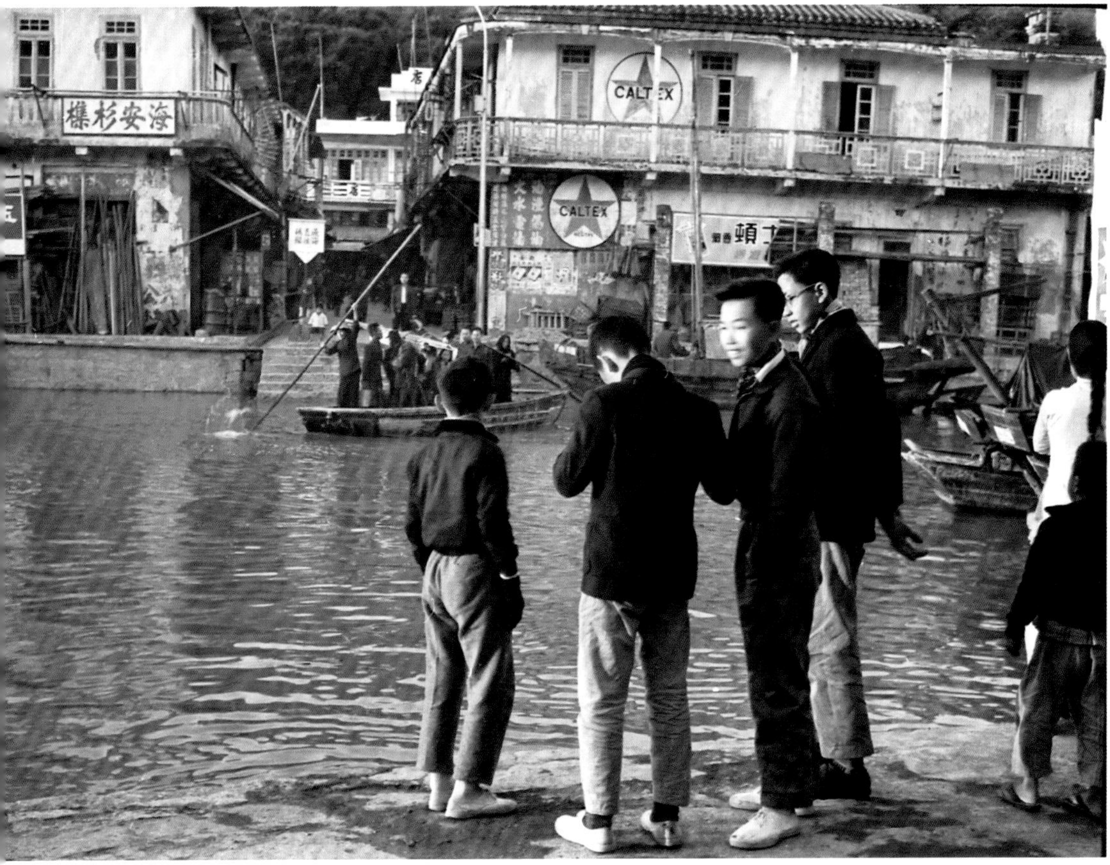
海安杉樵
CALTEX
CALTEX

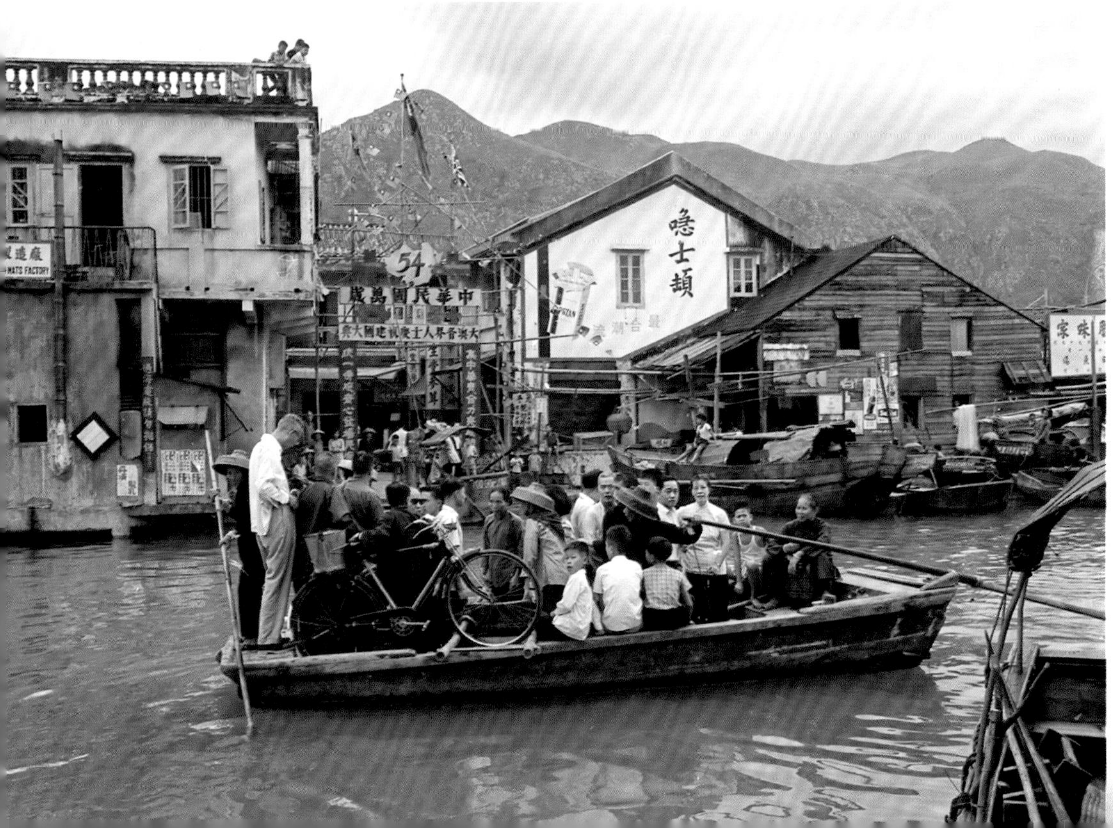
54
中華民國萬歲
喼士頓
MATS FACTORY

大澳的製鹽業主要在農曆九月到翌年四月進行，因雨季無法產鹽。製鹽採用「沙漏法」和「水流法」兩種方法。沙漏法是將海水引進沙田，曬乾後鹽粒附着在沙子上，鹽工反覆操作直到沙粒含鹽足夠，再將沙堆進土坑，用竹片、乾草和木柴分隔。坑底有窄槽，海水倒入後溶出「鹽滷」，流入缸中，再曬成細白的食用鹽。水流法則用車輪把海水從一道田運到另一道田，海水曬一兩天後，經竹管流到下一層，逐步濃縮，直到曬出粗鹽。粗鹽多用於醃魚，餘鹽賣到珠三角和澳門。沙漏法鹽質細膩，價格比粗糙的水流法鹽貴一倍。朱翁多次前往大澳，拍攝了珍貴的鹽田照片。

棚屋依大澳涌而建，涌道將大澳棚屋隔分兩岸。在未有新基大橋之前，棚屋區居民要自行撐船來往兩岸，極之不便。又因棚屋高於潮漲水位，棚與棚之間便以木棧道相連，昔日也有人在棚底養豬，希望在年尾賣得好價錢，過一個肥年。後來因水位上升，養豬不成，改在棚頭養雞。棚屋不僅是家，也可以是漁商店肆 —— 收購漁獲、販賣海產之所。

然而，棚屋命運多舛。棚屋被政府視為「寮屋」，屢提清拆。居民無原居民身份，1980 年代登記後標上紅色編號，棚屋卻仍是漁民的家與作業站，見證大澳的漁業歲月，是這片水鄉的獨特風情，罕見性冠絕香港。

1980 年，一涌和鹽田村棚屋居民遷入龍田邨。2000 年 7 月，大澳發生四級火，大火燒毀近百間棚屋，約佔全數三分之一，更令棚屋存續岌岌可危。戰後漁業衰退，年輕人外流，棚屋數量銳減，然而，近年香港熱和旅遊業興起，棚屋成為景點及文化遺產，保留呼聲漸高。

大澳的橫水渡曾是連接河涌兩岸的唯一交通方式，至少從 1930 年代開始已服務居民。這種木製小船最初靠竹竿撐行，後來改用繩索拉動。根據上頁朱翁分別在 1960 年和 1965 年拍攝的照片顯示，當時仍用撐船方式，載客可達二三十人。1950 年代只收費三仙，但後來因找續困難，最後在 1960 年代初改為收費五仙。橫水渡經營權需透過競投取得，由大澳鄉事委員會管理。1996 年 9 月 29 日，橫水渡停運，完成歷史使命，居民和遊客從此改用新建的大澳涌行人橋「過海」。今天沿涌漫步，有時會見棚屋傾頹、木柱腐朽，水面倒影卻依舊迷人，不禁感慨，這片水鄉記憶，能否抵禦歲月無情的侵蝕。

小結：守住難得的靜謐與純粹

有人煮海，化滷為鹽；有人抬兜，負重登山。大澳的歷史，是漁業鹽業的興衰、抬兜的辛勞與棚屋的浮沉交織而成。從北宋鹽場到清代漁港，從珠江咽喉到香港邊陲，它見證了時代的起伏。今日，鹽田化為紅樹林，抬兜成了老照片中的剪影，棚屋在風雨中搖曳，唯有鳳、獅、象、虎山四靈，山峰聳峙，沉默守望。當公路取代舟楫，機場連通世界，大澳卻未乘勢起飛，反被時代遠遠拋下。年輕時的朱翁認為錯失發展良機，甚為可惜。今日回望，無常世事如潮起潮落，大澳卻在喧囂塵世中，守住一抹難得的靜謐與純粹，又豈非眾人所能料？

鐵鳥飛翔 劃破大海寧靜

赤鱲角與大小磨刀

赤鱲角的變遷，是香港現代化的縮影。從一座偏僻的孤島，轉變為全球航空樞紐，它經歷的每一步，都印證了香港的蛻變過程。然而，在繁忙機場的背後，這片土地與周邊小島，面貌已被大幅改寫。從自然景觀到過去的人文活動，再到如今的現代基建，赤鱲角與大小磨刀的轉變，見證了歷史與現代的交織。

地理特徵與人文活動

赤鱲角，又稱赤立角、赤瀝角、赤臘洲，位於大嶼山西北角。島嶼呈三角形，地形多山且陡峭，最高點為西部的虎頭山，海拔 121 米；次高點則是位於虎頭山東側、海拔 100 米的一處高地。早年的赤鱲角，是一個被海水包圍的荒島，山頭光禿，土壤貧瘠，除了嶙峋的岩石，幾乎找不到生機。赤鱲角主要有兩個小型村落：深灣村與虎地灣。島上居民以務農為生，1905 年政府查勘新界土地時，便發現赤鱲角已遍植稻田。北面深灣村是原居民的聚居地，南面虎地灣則是潮籍教徒的徙置區，兩處的村民均依靠漁業與農耕維持生計。

赤鱲角以獨特地貌而聞名，位於東北面的深灣內凹，曾是垂釣愛好者的樂土；西南面的虎地灣，適合農耕種植，支撐着村民的基本需求；

上　從大磨刀上看未被削平的小磨刀

下　從小磨刀上看未被削平的大磨刀

在虎地灣之下的蝦螺灣，則因曾存在元代冶鐵工業活動而留下歷史痕跡。

赤鱲角居民以漁農為生，望天打卦。雖然生活艱苦，但他們對天后娘娘充滿虔誠敬意。位於深灣旁的廟灣（又稱亞媽灣）有一座全石天后廟，原稱「廟灣天后宮」。從門額上年份可推斷天后廟至少建於清道光三年（1823 年）。有說是因為深灣一帶海域風高浪急，村民便集資建成這座全石製造的石廟，供奉天后娘娘，保佑水上平安。廟宇的獨特之處在於，從屋頂、牆壁、門扇到對聯和掛釘，甚至連廟內神像、香爐，無一不是由花崗岩建造而成。這反映了當時採石業在島上盛行，石匠精心獨運，在礦場中就地取材，糅合村民巧思，成就一所全石廟宇。相傳，清末時期海盜來襲，村民逃入廟中，石門竟如有神助般抵擋侵襲，這場奇跡，更使得天后廟成為村民心中的精神象徵，香火至今未曾斷絕。

為興建赤鱲角新機場，原位於小島上的赤鱲角村及天后宮被遷至大嶼山東涌的黃龍坑。1991 年，天后宮被拆卸後，運至赤鱲角新村的山門內重置。廟宇雖已不再位於海邊，但據說現址乃由卜杯選定，形成朝東

上 朱翁與友人於 1967 年 3 月 5 日前往大小磨刀考察。小磨刀上一片荒涼，只有南面的小石灘略可駐足，但其實也沒有甚麼景觀可言。

下 虎地灣全景

面向龍吐珠山丘之勢，風水不俗。天后宮於 1994 年重建完成並舉行開光儀式，現由赤鱲角新村村民管理，為二級歷史建築。

大小磨刀的石墨礦業

1992 年，香港機場核心計劃正式動工，標誌着赤鱲角命運的巨變。填海工程不僅徹底改變赤鱲角的海岸線，也讓這座小島化身為國際航空業的中心。昔日的深灣、虎地灣、蝦螺灣，早已被平整的跑道與機場設施取代。

受影響的又豈止赤鱲角本身，還有西南方的欖洲。這座海拔 44 米高的孤島，整座遭夷平，島上石材用於填海工程，最終完全融入新機場的基建版圖。今天，欖洲的舊址位於南跑道區域，已無跡可尋。

深灣旁的廟灣有一座全石天后廟，建於道光三年（1823 年）。赤鱲角蘊藏豐富礦產，廟灣附近盛產花崗石，漁民就地取材，集資興建這獨特石廟，供奉天后娘娘，祈求出海平安。大至門框小至香爐，無一不是由花崗岩建造而成。

而在赤鱲角的東北方，有兩座小島大磨刀洲與小磨刀洲，時人多合稱為「大小磨刀」。大小磨刀的形狀平直，仿如磨刀石橫臥於海面，也有說法稱島上盛產石墨，石墨又可作磨刀石之用，因此得名。英國人視兩島並列海上如「難兄難弟」，而分別命名為 West Brother 與 East Brother。明《粵大記·廣東沿海圖》中，大、小磨刀稱作上、下磨刀；在清代《廣東通志》中則更詳細一點記載：「大小磨刀山，壁立海中，周圍一百丈，近大奚山（即大嶼山）。」大小磨刀附近海域，也因此被稱為磨刀洋，早期曾是中英軍艦炮戰的常地，它的戰略意義和地理位置在歷史上尤為重要。大小磨刀南側還有一小島，名為匙羹洲，取其形似匙羹之意；朱翁則稱之為「飯殼洲」，説島形像覆置海面的飯殼，又像半浮半沉的潛水艇。無論是匙羹洲還是飯殼洲，這第三個更小的島嶼，與大小磨

五福礦場的門牌和礦場地圖。地圖上可見「西兄弟島」（West Brother）的名稱。

刀共同構成了「磨刀洲」的範圍。

大磨刀因石墨資源豐富而聞名。1923 年，大磨刀的西南角發現有石墨礦牀。1951 年 8 月 16 日，Tang Hon Fung 先生與其他四位合夥人以十萬港元資本成立五福礦業公司（Ng Fuk Black Lead Mining Company），申請採礦許可。1952 年 2 月 19 日，行政局批出為期六個月的採礦牌照，五福礦場正式運營[1]。礦場最初吸引了約三十名工人定居，生活設施集中於島的西南方。那裏出產的石墨質量極高，遠銷英美。1955 年，礦場年產量達 1500 噸，1950 年代末更突破 3000 至 3500 噸。

1 根據政府檔案處所藏檔案整理而成，文件並未有標註各合夥人的中文姓名。

上　五福礦業公司的主要活動範圍在大磨刀的西南方。

下左　礦洞四通八達，有九個入口。圖中的是一號洞。

下右　礦場內的鑽床。

礦工建造的哪吒廟，廟名誤寫為「咜叱廟」。

據朱翁實地考察，礦場在大磨刀南岸，頗有規模。礦洞四通八達，有九個入口。他曾跟隨礦工入洞探險，指隧道中有八條分路，他們在地底步行了一小時，由另外一個洞口鑽出。礦場同時有礦工建造的哪吒廟，可惜廟名被誤寫為「咜叱廟」。廟宇與神像在礦場荒廢後，已盡數毀壞。

時移世易，因需求減少與資源枯竭，礦業活動逐漸停滯，最終於 1971 年停產，採礦許可證亦於 1973 年到期，礦場正式關閉結束。大小磨刀最後被削平，以免影響飛機升降。小磨刀現時建有民航處導航站，大磨刀僅餘直升機坪與氣象台等設施，而相鄰的匙羹洲則得以保留原貌。2016 年 12 月，政府將大小磨刀劃定為香港第五個海岸公園，區內禁止任何捕魚活動，這片海域成為中華白海豚的覓食和棲息地。

這對小島，不僅是石墨開採的基地，也成為守

從這幾張照片可見，1967 年時採礦活動已幾乎停止。踏入 1960 年代初期，全球石墨價格下跌，礦場只好減少產量以降低成本。加上所開採的石墨品質每況愈下，礦場最終於 1971 年停運，並在兩年後採礦執照到期時正式結束。

護赤鱲角東北航道的天然屏障。即便今日，它們已被航空建設吞噬，但歷史上，它們是香港大嶼山北岸的重要存在。

歷史文明的足跡

赤鱲角的歷史可以追溯至新石器時代。考古學家曾在赤鱲角東南部發現大量遠古工具與文物，證明這裏早已有人類活動的痕跡。唐代的灰

1950 至 1960 年代，大量中國難民湧入香港，美北浸信會差會（American Baptist Foreign Mission Society）與香港基督教福利及救濟協會援助一部分難民遷到赤鱲角上居住。他們多數集中在虎地灣，開墾荒地，自食其力。（上右）耕地後的石屋，是救濟協會於 1963 年搭建。（下左）圖中的小水壩，是由差會與其他幾個基督教組織協力建成。又因歷史發展關係，美北浸信會主要以潮語族群為服務對象，朱翁路經教堂時，引來多名潮籍教徒的觀察。

1966 年興建的赤立角公立學校，位於島中部坳頂處。朱翁 1965 年 12 月 5 日前往赤鱲角時，校舍才剛落成不久。

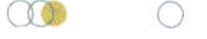

在坳頂公立學校上方俯瞰，可見一條從南到北、直通深灣的路徑。

窰與元代的煉鐵爐，是赤鱲角早期經濟活動的證據。灰窰灣和蝦螺灣的地名，正是這些活動的印記。

然而，1990 年代機場核心工程的開展，使這些珍貴的歷史遺跡幾乎被徹底掩埋。僅有少量文物保存於香港國際機場的古物園內，成為今日人們窺見赤鱲角過去的唯一窗口。赤鱲角各個海灣早已在 1990 年代的填海工程中消失，只保留了過路灣作為天然海灣。今日的過路灣路，正是沿着昔日的海岸線建成。

2024 年 11 月 28 日，香港國際機場三跑道系統正式運作，標誌着赤鱲角現代化的另一里程碑。從一片荒涼的孤島，到全球最繁忙的航空樞紐之一，赤鱲角成為了香港經濟與國際地位的象徵。

小結：鐵鳥在海洋上空飛翔

朱翁初次踏足赤鱲角時，為它寫了一首詩：「瘦地開花晚，『赤』手『立』業遲。莫道蛇無『角』，成龍也未知！」他笑說，誰知這首詩竟讓自己成了先知一般，這個荒島剎那間搖身一變，成為一流的國際機場，真是天意難料。赤鱲角的變遷，是香港城市化的縮影，也是自然與人類活動碰撞的見證。從新石器時代的文明起步，到現代化機場的繁榮，它的一草一木、一石一沙，記錄了世代更迭的故事。

每當飛機從赤鱲角的跑道上升起，彷彿看到那劃破大海寧靜的鐵鳥，帶着昔日的回憶，翱翔於天際之上。無論是天后廟的石門，還是大小磨刀洲的島嶼遺跡，這片土地的每一部分，都在訴說着赤鱲角過去、現在與未來的故事。這些故事，不僅屬於赤鱲角，也屬於每個香港人的記憶。

上　朱翁站在赤鱲角的西面拍攝這張照片。左方是赤鱲角的東北岬，一直往右邊看，可將整個深灣村及海灘盡收眼底。

下　朱翁站在虎頭山望向赤鱲角最南方的九龍峒與白沙咀。

洞口石縫 守護隱秘傳奇

南丫島探勝與張保仔洞

在香港多山多島的地貌中，無數的石縫和洞穴孕育了許多歷史故事，其中尤以張保仔洞最為神秘。張保仔，這位活躍於十九世紀初的傳奇海盜，不僅以他的傳奇經歷聞名，更因留下數個洞穴而引發無數猜測與傳說。南丫島的張保仔洞，雖已因發展消失，卻仍然以隱秘與歷史價值深深吸引人心。

珠江口貿易的中轉站

南丫島位於香港島西南，是香港第三大島嶼。早在明天順八年（1464年）刊行的《東莞縣志》，已記錄南丫島為「泊寮」，明萬曆二十三年（1595

上　南丫島因島形特殊關係，分成南北兩段，各自有自己的天后廟，一間在榕樹灣（北段），另一間在索罟灣（南段）。照片中的是榕樹灣天后廟，始建於光緒二年（1876 年），是南丫島上唯一已評級歷史建築，評級為三級。可以見到，當時還未有那對像極了滙豐銀行門前的西式石獅子。右邊的是南丫島健康院，由香港賽馬會捐款資助，1957 年開始使用。

下　朱翁在他首次南丫探勝之旅，除了探索張保仔洞外，還走訪了島上各處。其後他又先後在 1961 年 5 月及 1966 年 5 月再訪，拍下了南丫島的原始風貌。

年）的《粵大記》及清嘉慶二十四年（1819 年）的《新安縣志》則分別寫作「博寮」及「薄寮」。根據一些人的看法，無論是「泊寮」、「博寮」還是「薄寮」，這幾個稱呼都有一個共通點，就是反映南丫島在早期便已扮演珠江口貿易中轉站的角色——唐宋間曾有商船停泊島上，等候轉往其他港口，期間搭建寮棚而得名。十八世紀起，西方海圖以「Lamma」記錄；1898 年，英國租借新界，《展拓香港界址專條》條約中的附帶地圖也採用這英文名稱。至於南丫島一名，一說源自漁民俗稱，因為「丫」乃形容島形像樹椏一樣。另一說則指島形像「丫」字，故名。

靜謐的自然風光掩映着數千年的歷史足跡。考古發現顯示，約三千年前，島上已有人居住。1930 年代初，南丫島的考古發現更為香港歷史文化研究開啟了新篇章。澳洲籍學者、香港大學解剖學系主任蕭思雅（J. L. Shellshear）向任教地理的范達賢神父（Daniel J. Finn）提到島上可能藏有古老遺物，邀請他來調查。1932 年，范達賢在榕樹灣發現運往香港仔做建材的沙泥裏混雜陶片、銅片和石矛。同年，公務員施戈斐侶（Walter Schofield）聽到消息，建議范達賢帶頭挖掘。次年 5 月，在政府支持下，范達賢在大灣、榕樹灣和洪聖爺灣展開發掘，找到彩陶、石刀、石斧、青銅器物等文物，成果豐富。1933 年到 1936 年，他在學術期刊發表多篇報告，介紹南丫島的發現。最初發現的文物分別存放於香港仔的華南總修院及香港大學的利瑪竇宿舍，可惜二戰後有一部分較珍貴的文物被蕭

（左）是俯視大灣，（右）是洪聖爺灣，范達賢從大灣往南走，在這裏也發掘到文物。洪聖爺灣海灘朱翁甚喜愛，形容為沙白如銀，幼如粉，最適宜在此海浴。

思雅和施戈斐侶帶到英國，後來更捐贈予大英博物館。南丫島的考古發現，讓人驚嘆這小島的歷史底蘊，原來比想像中還要深厚。

從地形而言，南丫島雖是海島，但因有山勢環繞，適宜聚居，特別是索罟灣，三面環山，作為避風港的功能尤為突出。據戰後考古發現，有唐宋時期的遺址如灰窯群，顯示當時聚落已具規模。不過清朝康熙帝有遷界令，令島上人口銳減。

根據庸社行侶在 1930 年社的記述，南丫島各港灣村落有民居者共十五處，分別為茅笪（今稱模達）、東澳、榕樹下、榕樹灣、大灣、北角、橫塱、高塱、鹿洲及索罟灣等，每村約有一百至二百人。島上居民以陳、周兩姓為多，先世為客家籍人，絕大部分以漁農為生。

左　1960 年代南丫島南部有兩所學校，分別是蘆鬚城學校及南丫南段小學校。蘆鬚城學校是男女津貼小學校，校舍有兩座，右邊是 1962 年新落成。學校在全盛時期收生達二百人。南段小學校是 1960 年 9 月落成啟用，根據報章報道，因為蘆鬚城學校學額爆滿，而模達村本身的模達學校則只提供初小四年的課程，因此鄉委會主席便提議在模達村與榕樹下村之間，增設南段小學校。兩所學校最後都因收生不足，分別在 2004 年及 1990 年結束。

右上　此路向左通往北角舊村，右下則為碼頭。

右下　早年來往南丫島與市區的街渡，多是人貨並載。從西環北街出發前往榕樹灣的街渡，會先停北角碼頭。朱翁說：「上落頗危險！」

上　還未填海的榕樹灣全景。稍為眼尖的會發現在原本的碼頭右方，還有另一個碼頭。原來朱翁拍攝之時，還有一個星期便是天后誕，這個臨時碼頭是在節慶當日供漁民暫時泊船之用。那天南丫島健康院對出近海邊已經開始搭建戲棚，那時候還未有榕樹灣遊樂場。

下　大利牛骨廠，位於朱翁稱之為澳仔灣的地方，即現時榕樹灣污水處理廠的正後方。牛骨廠會用油脂製成肥皂，骨頭則燒成粉末，製作肥料。牛骨廠對面的是石梨，可以見到迦南園的建築群。迦南園是一個基督教農場，由沙田浸信會呂明才小學創校校長杜羅玲的姐夫創立，1960 年代曾租借予香港基督徒學生福音團契（FES）辦福音營。後來又一度借予基督教福音友誼會作為提供免費戒毒的康復院。

張保仔的傳奇一生

張保仔，原名張保，廣東新會人，自幼家境清寒，以漁業為生。十五歲時，他被紅旗幫首領鄭一所俘，隨後加入海盜行列，展開了波瀾壯闊的人生旅程。張保仔憑藉聰慧與謀略，很快成為紅旗幫的核心人物，並在鄭一去世後接任幫主，掌管數萬名部眾和五百多艘船隻，成為當時南中國海的霸主。

在他統治下，紅旗幫勢力範圍從廣東延伸至越南海域，對沿海居民與商船構成極大威脅。儘管清政府多次剿滅，張保仔仍能從容應對。直至 1810 年，面對清軍與葡萄牙聯軍的夾擊，他選擇投降，並以「海盜皇帝」的身份結束了自己的海盜生涯。此後，他為清廷效力，追捕其他海盜，最終於 1822 年去世。[1]

1　清袁永綸《靖海氛記》

南丫島張保仔洞的隱秘魅力

相傳，香港的多個張保仔洞埋藏了他搶劫回來的珍寶。香港一共有五個這樣的洞穴，分別在長洲、舂坎角、赤洲、小交椅和南丫島。它們都靠近海濱，離岸不遠。當中以南丫島的尤為獨特，因為已經不復存在了。該洞位於榕樹灣以南的葫蘆山，因地勢隱蔽，歷來被認為是張保仔埋藏珍寶或躲避清軍的地方。這些傳聞，雖無實證，卻足以激發探索者的熱情。

1961 年 4 月 30 日，朱翁與好友前往南丫島探勝，其中一個主要目標是島上的張保仔洞，土名盲老鼠洞。他在記錄中描述，該地區被茂密的灌木叢覆蓋，入口難以辨認。當時尋找洞穴相當困難，因為岩石堆中交織着大量灌木。石堆高低不平，洞口難以識別，而灌木多為帶有刺鈎的植物，行走其中非常不便。洞穴入口處有一個狹小的缺口，需從中鑽入。進入後，岩石層層堆疊，繞過一個彎道，眼前會出現一座天然形成的石門，上面刻有「回頭是岸」四個大字。繼續深入，洞內結構錯綜複雜，需要俯身穿越低矮的石門。裏面是一條狹窄的泥質洞道，蜿蜒向下，途中分岔和支路交錯。一行人曾深入約 50 多米，但依然未達洞底。洞內濕滑且充滿蝙蝠糞，行走條件相當艱難。他們洞中感受到陰寒氣息，彷彿置身另一個世界。

到了 1970 年代，他嘗試帶領旅行團再次深入調查該洞穴，然而，部分通道已經坍塌，無法繼續前進，令探索之旅未能徹底完成。

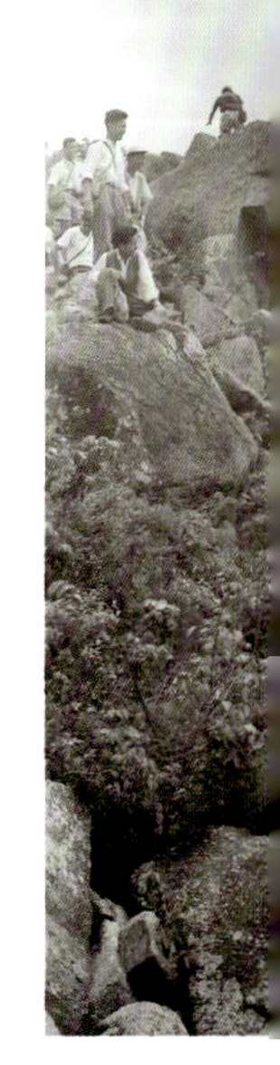

追尋傳奇的象徵

到了 1978 年，香港電燈為了應對日漸增加的電力需求，在南丫島菠蘿咀修建火力發電廠。1982 年發電廠開始為香港島、鴨脷洲及南丫島提供電力，現在是香港第二大發電廠。開山填海的工程使張保仔洞及菠蘿咀的地形徹底消失。當年的洞口與洞內結構，如今僅存於探險者的記憶與舊照片中，成為了永遠的歷史遺跡。

上左　看見一小洞，難道是就是這裏？
上右　雖然不窄但有丈餘深，非主洞也。
下左　眾人分頭尋覓。
下右　原來在這裏……「得來全不費功夫」。

左｜洞口可容納七、八人並下。大家也不等待，陸續鑽進去。

中｜又一個入口，洞口滿是蝙蝠糞。

右｜繞過一個彎道，眼前出現一座天然形成的石門，上面刻有「回頭是岸」四個大字。朱翁當然沒就此打住，不過繼續深入便發現愈來愈窄，加上洞內濕滑，行走條件相當艱難，所以他也沒拿相機拍照，免生危險。

菠蘿咀的尖端處教朱翁頗為失望，他形容為「只碎石一堆而已」。

根據朱翁在地圖所示，張保仔洞的位置相當於現今近管制大樓的那一段電廠大道，昔日地名青林。見到尖雞石，即代表張保仔洞不遠矣。

尖雞石
青林
大灣

左上　索罟灣的名字與漁民捕魚的工具有關，「索」即粗繩，「罟」即網。英文名稱為 Picnic Bay，直譯就是野餐灣。是否適合野餐則見仁見智，但索罟灣今天仍相對保留了較多的樸素風貌。

左下　與索罟灣斜對面的是蘆鬚城，陳姓原居民早在清代便已在此定居。村民多務農為生。蘆鬚城的名稱由來，就是因為長滿蘆鬚葉之故。照片右上方海邊有數處清晰挖掘的痕跡，那是因為當年，相傳日本人曾在附近藏金，大家樂此不疲，希望能分一杯羹。不過在朱翁看來，發掘者只是徒廢心力而已。

右　在索罟灣畔有十幾個大小不一的岩洞，是日佔時期的軍事遺跡。當時日軍放置名為「震洋」的小艇在洞內。震洋艇在船首配置炸藥，發現敵軍時，駕駛者便可隨時準備以撞擊方式引爆炸藥。近人因神風特攻隊以發動自殺式襲擊聞名，所以這些岩洞又被稱為「神風洞」。據朱翁所記，1943 年渡邊部隊進駐索罟灣，他們在這些岩洞收藏了四十多隻自殺小艇。

模達村曾稱作茅達、茅笪村。這是舊村，可見依山傍
水，前面盡是水田。右邊山腳是風水林。

張保仔洞的傳説，表面上是對海盜活動的浪漫化描述，實際上反映了香港民間文化對英雄形象的認同。張保仔與本地居民的關係友善，他從未劫掠本地村莊，反而常給予居民幫助。這種行為使他被視為保護弱者的英雄，而非單純的惡名昭著之徒。

根據歷史記載，張保仔的活動主要集中在廣東沿海，他利用香港的離島作為監測清軍和商船動態的據點，而並未在此建立長期的據點。掌故家葉靈鳳曾指出，張保仔以海為家，利用岩洞藏身或儲寶的可能性微乎其微。然而，這些洞穴因地理位置和形態，仍然成為人們追尋傳奇的象徵。

南丫島四面環海，港灣數目甚多。雖然現代人多形容模達灣為隱世海灣，但在朱翁的年代，這裏是中產人士及泳客的假日好去處。究其原因，是以前遊艇持有二等牌者，東不能出鯉魚門，北不能過青衣，西南不能越南丫島的北角與黃竹角，所以能到達的海灣不多。

小結：傳說與歷史之間的價值

如今，香港以長洲的張保仔洞最為著名，成為遊客體驗歷史與自然的熱門景點。香港的每一個洞穴、每一處遺跡，都是過去與未來的聯繫點。這些洞穴與故事無論是真實的歷史還是附會的傳說，皆訴說着島嶼所蘊藏的記憶與價值，構成了香港文化的重要一環，值得我們用心珍惜與保護。

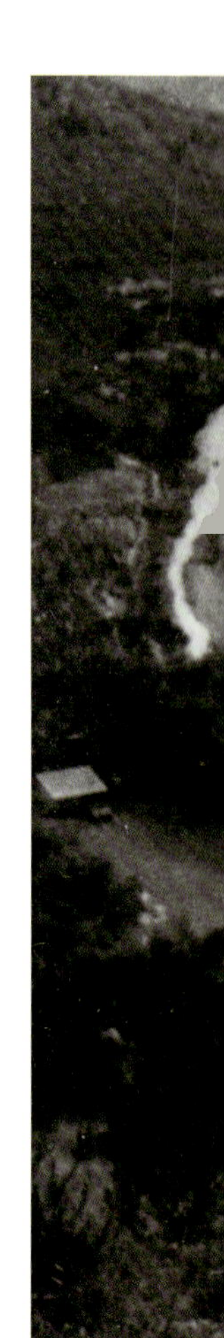

耕耘希望的光芒

周公島難民避風港

周公島，這座位於香港坪洲以南的小島，面積雖僅為 0.54 平方公里，但生態及地理特質使它在 2015 年被列為「具特殊科學價值地點」。然而，半世紀前，這裏曾是一個難民的避風港。英國人鮑健士（Gus Borgeest）帶領從中國南下的難民在荒島上耕耘，建立自給自足的社群，為香港歷史寫下一段關於耕耘與希望的篇章。

周公島的早期歷史

遠早於鮑健士的到來，這裏已稱為周公島。如參考清末期間繪製的新安縣地圖，更會發現小島稱作車公洲。有一說是，清末民初年間有一位周姓隱士從南丫島遷到小島，在島上築屋，獨居終老，因他未婚，年約五十歲，因些人稱「周公」，島嶼便以此得名[1]。「周公」逝世後，島上無人定居。

直到 1950 年初，德國裔拉脫維亞人連伯氏（Herbert Edward Lanepart）將周公島作為天體營基地。連伯氏早於 1932 年創辦香港天體運動協會（Hong Kong Nudist Society），最初與志同道合之士在大圍香粉

1 此說法來自如今島上唯一居民林志毅，由香港山友石頭谷版主李志成提供。

1963 年 4 月 21 日，朱翁前往周公島。從他身後農田可見，難民在島上耕作，自食其力。

寮辦天體活動，後因城門水塘工程而遷至青衣鑊底灣。1949 年，協會改名為香港日光浴協會（Hong Kong Sunbathing Association），連伯氏曾一度選中更偏僻的周公島，在小島西邊的大灣設沙灘與泳場，供會員天體日光浴。根據 1951 年他撰寫給法國天體雜誌的信件，提到前往周公島「大約需要一小時十五分鐘或一個半小時的機動船航程」，但「香港政府突然禁止使用所有機動船。無疑，這部分是出於政治原因，部分是為了防止香港與澳門以及廣州之間的武器、燃料和黃金走私。」他又提到，「新法律更加嚴格，規定即使是最小的機動船，甚至是帶輔助引擎的小艇，

也必須由政府認證的船長駕駛，甚至需要一名認證工程師」。[2] 日光浴協會既受到法例阻礙，前往周公島期間，也經常受惡劣天氣影響，艱辛異常；加上坪洲居民與漁民視連伯氏等人「傷風敗俗」，認為日光浴影響風水與漁獲，迫使天體營關閉，連伯氏最後只好決定遷回青衣。

初到周公島

1952 年，鮑健士向政府提出租借周公島的申請，翌年鮑健士成功以每年一百四十八元承租全島。同年 6 月 5 日，時年四十四歲的鮑健士與妻子何佩俊（Mona Ho, Pui-Tsun）、五歲大的養女以及兩名從惠州逃港的農民一起遷居至島上，開始了共同開墾荒島的生活。

鮑健士為英國公民，有着意大利、德國、丹麥和葡萄牙血統，1909 年 10 月 1 日在寧波出生，畢業於上海聖芳濟書院，其後去了澳洲兩年牧羊，1931 年回到上海一間英資紡織廠工作，其間和生於香港仔的妻子結婚。1941 年被日軍囚禁期間信奉了基督教貴格會（Quaker，或稱公誼會），1949 年到杭州。1951 年和大批逃避戰亂的人一樣來到香港，當時他身上只有港幣兩元。

鮑健士將周公島重新命名為「日光島」（Sunshine Island）[3]，寓意希望與新生。身為貴格會的成員，他開展了以基督精神為基礎的墾荒計劃。鮑健士的目標是，讓五十個難民家庭在六至十二個月的訓練中重拾尊嚴

2 http://www.coeurnaturiste.com/?p=2403
3 《華僑日報》1953 年 10 月 20 日報導

站在周公島頂處山丘往下俯瞰，清晰看到大型豬舍。據 1961 年的報導，高峰期時島上養了二白頭豬。豬成為周公島上最有價值的資產。

和生活技能，並授予基督精神與公民責任感，最終建立自立自足的社群。

島上建設的進展與挑戰

當時，島上生活條件艱苦，屋子簡陋，居民日出而作，日落而息，共同用餐、協力耕作，種植的作物包括蔬菜、花生和馬鈴薯，家禽和家畜漸漸增多。儘管如此，水源不足成為最大困擾，稻米種植毫無推展。

從另一側拍攝，可見難民居住的房舍。

鮑健士與當時的九個難民家庭共三十四人一同努力，雖然養殖家畜和種植蔬菜逐步改善自給能力，然而，因農業和基建發展有限，島上的經濟仍需外界援助，生活開銷主要依賴鮑健士募集的善款和貸款填補。

數年後，周公島的墾荒計劃初見成效。居民逐步修建石屋，英軍也協助興建山頂水塘。朱翁認為鮑健士是個「頗有頭腦」的人，初時設「工作營」，號召志願人士幫忙；其後獲得教會和服務機構的認可與幫助，設立「日光島計劃協會」，規模日漸壯大。當時香港社會工作並未普及，大家為生活計，多各家自掃門前雪，對於鮑健士如此講求義氣之士，為難民家庭盡心盡力，自然獲多方支援、響應。朱翁初認識鮑健士時，在長洲官立中學任教，更召集了一班精壯學生助他開山建屋。

經年累月，周公島的生活條件逐漸改善。居民建造了更堅固的石屋，英軍也協助在山頂修建水塘解決用水問題。此外，島上開始養豬，更逐漸成為鮑健士等的經濟支柱。

鮑健士一直強調難民在島上耕作可自食其力，有助他們尋回因依靠福利而失去的自尊。島民在訓練後，開始在新界較偏遠地區耕作，像第

一批農民便於 1956 年在西貢嶂上落戶，每戶由理民府撥地兩畝，由日光島計劃給牛一頭和農具。

到了 1961 年，島上已有二十戶居民，養殖豬隻二百頭。居民又用石塊在沙灘建造防波石壆，改善小艇通行條件。他們還參與植樹計劃，並從中獲取報酬，逐步實現自給自足。同年，鮑健士的貢獻得到國際認可，榮獲「麥格塞塞獎」(Ramon Magsaysay Award)。他將部分獎金用於女兒的教育，其餘資助島上的發展。他曾表示，島上的發展應以工作為本，而非依賴慈善，這成為他帶領島民努力的核心理念。

島上的變局與終結

獲獎後，鮑健士返回香港，與七位外籍人士共同組建了一個臨時委員會，負責管理日光島計劃並推動更透明的運營，包括定期提交季度財政報告。1962 年，正式的管理委員會成立，一年後的 1963 年 9 月 19 日，「日光島計劃協會」舉行了第一屆全體年會，選出十四位執行委員，標誌着計劃的規模化發展。

島上的大炮石

鮑健士將日光島十年的墾荒歷程劃分為兩個階段。他認為，第一階段的重點在於幫助數十個難民家庭定居島上，通過勞動養活自己，雖生活艱苦，但逐漸重建家園。第二階段則聚焦於改善居民的經濟條件。通過島上勞動，居民能獲得薪資和免費住房，並在這過程中找回自信，為日後融入更廣闊的社會做好準備。

展望未來，鮑健士提出了「第三階段」的設想 —— 直接幫助那些願意以工作自立的個人。他在 1962 年的獅子會餐會上表示，希望日後登上日光島的人，是為追求勞動與成長而來，而非單純依賴外界援助，這反映了一種以勞動換取尊嚴的價值觀。

然而，周公島的發展並非一帆風順。1963 年，香港經歷嚴重乾旱，周公島水源短缺，居民難以為繼。同時，資金問題也開始凸顯。儘管英軍協助建設水塘，但經濟壓力導致島上的生計困難重重。朱翁 1960 年代中再訪周公島時，發現島上只餘鮑健士一家，難民臨時寄居大灣，他問鮑健士原由，所得答案是島上缺水，無法供應更多人。其後朱翁到西貢下鹿湖，聲稱遇見從周公島遷來的難民，也對整個開墾計劃有不同看法。

在種種困難之下，周公島的人口逐漸減少。到 1967 年，島上的難民社群基本解散，島嶼也因荒廢而失去生機。綜合《華僑日報》的報導，鮑健士放棄了島上的計劃，隨後離開，「數百人

口遷出，遂使該島生機滯塞，荒蕪迄今」[4]。鮑健士離開後，香港耶穌基督後期聖徒教會（俗稱摩門教）的一名外籍牧師與同工張凌霄牧師接管日光島計劃，1970年代改建為「日光島福音戒毒中心」。在兩位牧師協助管理下，教友幫手建木屋、開墾農田，服務戒毒者。不過周公島山多平地少，戒毒者體弱難耐開墾，且船運物資不便，中心最終在幾年後停運。其後也有社會工作者在此設青年營，政府又擬設難民營，但始終未能持久發展。1978年，張牧師邀請林志毅到周公島居住。張牧師於2003年去世後，林志毅成為了周公島的唯一島民。

小結：遺留的希望

周公島的歷史是一段充滿波折的開墾故事。在鮑健士帶領下，一群逃難者來到這片荒蕪小島，試圖建立自給自足的社區。他們搭建簡陋住所，開墾農田，依靠漁業與手工藝維生，期望在亂世中尋得安身之所。然而，島上資源匱乏，交通不便，發展難以為繼，社區最終解散。鮑健士的努力雖未長久，卻為香港難民救助史留下深刻一頁，啟發後人思考信仰與團結的力量。

如今，周公島當年的房舍與農田已成遺跡。鮑健士的故事，連繫着戰後香港的艱難歲月，提醒我們在逆境中，個人決心與社群合作如何點燃希望，也讓這座小島成為香港歷史中一段不可磨滅的珍貴記憶。

4 《華僑日報》1967年2月27日報導

肉體與精神的雙重考驗

喜靈洲痲瘋病院

在香港地圖上，喜靈洲是一個既熟悉又陌生的存在。它的名字時常被提及，船隻往來梅窩與長洲之間時，人們總能瞥見它的身影。然而這座小島對大多數人來說，依然是神秘莫測，甚至因用作懲教設施，繪形繪色者甚至會為它塗上一抹充滿禁忌的色彩。表面看似平凡的喜靈洲，實則埋藏一段關於疾病與痛苦、救贖與希望的歷史，現在靜止於波濤之間，等待我們重新探尋、認識。

初名尼姑洲

喜靈洲的故事，需由它還被人稱為「尼姑洲」的那段日子說起。這座小島位於銀鑛灣口，與坪洲、長洲連成一線。尼姑洲之名最早見於1897年版的《廣東通志》，而根據1909年英國陸軍部繪製的《香港全境地圖》(Map of Hong Kong and of the Territory Leased to Great Britain Under the Convention between Great Britain and China signed at Peking on the 9th of June 1898)，喜靈洲上有三個村落，分別是過路灣、牛頭塘和白排，屬於林氏、曾氏與吳氏三姓家族。三處村落，居民不過四、五家人，主要以漁業和耕作為生。

尼姑洲的島民，過着幾近與世隔絕的寧靜生活，直到上世紀五十年

上 喜靈洲過路灣的景色。

下 從小山丘上俯瞰過路灣及喜靈洲碼頭一帶痲瘋病院的入口建築。

LING HONG II

上 照片中的是痲瘋救濟會的「靈航號」二號船，每日風雨無阻往返喜靈洲與中環皇后碼頭，船程約一小時，負責運送員工、糧食、藥物及其他物資。痲瘋病院會定期開放給遊人參觀，他們也是乘坐靈航號往返。

下 這張照片記錄了痲瘋病院的木工坊。病院培訓患者木工技能，助患者自立，重塑人生尊嚴，彰顯復康關懷。門口對聯「喜氣盈孤島，靈光照五洲」採用鶴頂格，首字「喜」「靈」巧嵌「喜靈」地名，加上橫批「聖慈永昭」，寓意基督大愛，將聖靈光輝自孤島播及五洲。木工坊左側為糧食倉，儲備島上所需食材。

代痲瘋病在港肆虐，政府要求島民遷出，為國際痲瘋救濟會香港分會建立痲瘋病院的計劃騰出土地。這座原本寂寂無名的小島，剎那間便要負起隔離與治療的重要職能，命運從此改寫。

從危機到救贖

國際痲瘋救濟會，由英國基督教傳教士衛斯理·貝禮（Wellesley Bailey）創立。貝禮曾在印度接觸過飽受痲瘋病摧殘的患者，深感這些「貧苦靈魂」的絕望，並以基督教的博愛精神展開救助行動，為痲瘋病救濟事業奉獻一生。1874 年，他與太太愛麗絲（Alice Bailey）在愛爾蘭創立痲瘋救濟會（Mission to Lepers，1965 年更名為 The Leprosy Mission），募捐並動員社會各界救助各地的痲瘋病人及他們的子女，為他們提供關懷和引導。此後，救濟會規模日見龐大，最後發展成國際痲瘋救濟會，在美國、加拿大、澳洲等地設立分會，成為全球救治痲瘋病的最重要國際慈善組織。

救濟會最初成立時，治療痲瘋病的藥物還未發明，最多只能供給病者糧食、衣着、居住以及其他精神上的援助。但在第一次和第二次大戰

期間，多種治理痲瘋的新藥相繼面世，為治療痲瘋病帶來曙光。

有見及此，痲瘋病院相繼在世界各地設立。在 1949 年以前，香港沒有專設治理痲瘋病的醫院，所有本地的痲瘋病者均由警察負責移送他們到位於東莞石龍鎮的病院留醫。中華人民共和國成立後，深圳邊境受到封鎖，香港當局再不能將痲瘋患者送出境；同時，又因人口日漸增加，政府無法限制偷渡入境的痲瘋患者，痲瘋病竟一時成為本港的嚴重威脅。

因此，救濟會找來曾在汕頭有豐富救濟經驗的斐義禮醫生（Dr. Neil Fraser）來港專責跟進。起初，政府將患者送往東華醫院在大口環臨時建設的收容所（其實只是三間木屋），作為暫時治療的地方。但收容所非長遠之計，因此，政府及社會上的關心人士一致主張設立專門醫院，以收容日積月累的痲瘋患者。

1951 年，國際痲瘋救濟會正式在香港設立分會，並着手尋找一個適合作為痲瘋病院的隔離地點。當時，港人普遍視痲瘋病為洪水猛獸，唯恐避之不及。政府雖然先後在糧船灣及荃灣覓地提議興建痲瘋病院，但均遭附近居民極力反對。

經過多番選址，當局最終選中尼姑洲這個偏僻小島。村民獲得賠償，遷至大白、十塱和長洲等鄰近地區定居。1951 年 8 月 6 日，首批二十二名痲瘋患者在斐義禮醫生的帶領下，抵達尼姑洲，從零開始建設痲瘋病院。面對貧瘠的土地與缺乏資源的困境，不少人中途便打算放棄，情願回到市區的大口環收容所。最後，隨着來島的患者增加，並得社會各界的慷慨捐輸，大家憑藉不屈的精神，在短短數年間，建設了

上　病院的主要建築物都集中在牛頭塘，包括醫院、教堂、學校、宿舍、水塘、發電廠等設施。

下　痲瘋病院採取自給自足模式以維持日常運作。島上設有菜田、豬欄與鴨寮，病情較輕的患者參與耕種與畜牧，供應糧食並促進身心復康。勞動不僅減輕病院對外界依賴，亦賦予患者自立能力。

包括醫院、教堂、學校、宿舍、水塘、發電廠與碼頭等各類設施。例如 1954 年落成的馬雅各紀念醫院（Maxwell Memorial Medical Centre），由港督葛量洪爵士揭幕，標誌着島上醫療事業的正式開展；1963 年，最後一棟病房由港督柏立基爵士揭幕。

另一方面，當局認為島名「尼姑」二字予人觀感不佳，便從英文 healing 一詞，取其音譯，從此改作「喜靈」，兼寄意來此島者，必能藉基督聖靈之助，康復痊癒，喜悅無比。

告別病苦，重新出發

當時，痲瘋被誤解為一種受遺傳詛咒的慢性傳染病，痲瘋病患者長期承受來自社會的偏見與恐懼，心理負擔遠超肉體上的痛苦。病院裏，每一位病患既是受助者，也是建設者。他們按照能力分工，從事護理、農耕、手工藝製作以及基建維護等工作。有的負責包紮傷口或清理病房，有的負責耕種如種菜、種花、養豬或鴨等工作，也有小孩和婦女在學校學習、教授課程或管理圖書館。這些工作不僅滿足了日常需求，更成為病患與小島共同成長的基礎。

左 麻瘋救濟會積極開放病院供外界參觀，旨在通過導賞與教育破除社會對痲瘋病的誤解，減少對患者的歧視與隔閡。Alan Waudby 牧師是病院的行政總監（Administrative Superintendent），經常親自接待訪客，介紹病院的醫療、教育與復康工作。

右 於 1954 年落成的馬雅各紀念醫院，提升了患者的治療條件，還推動了當時香港的痲瘋病臨牀教學與研究。1954 年前，喜靈洲的醫療設施極為簡陋，僅有一間房間供所有醫生、護士和患者使用。此外，醫療設備匱乏，直至 1953 年才在房間一角設置實驗室與藥房。因此，醫院的落成徹底改變了喜靈洲的醫療水平。醫院以馬雅各醫生（James Laidlaw Maxwel）命名，他是一位醫療傳教士，主要在中國大陸與台灣服務痲瘋病患者。馬雅各醫生受香港痲瘋救濟會邀請，參與喜靈洲痲瘋病院的建設與發展，留下深遠影響。

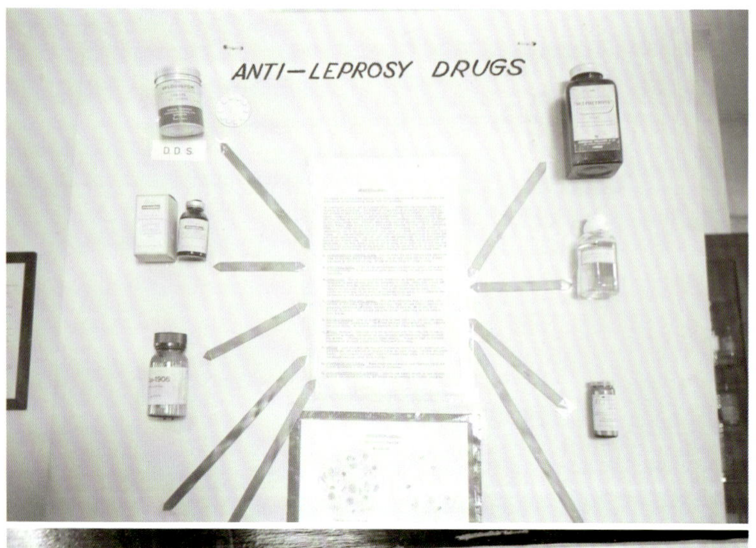

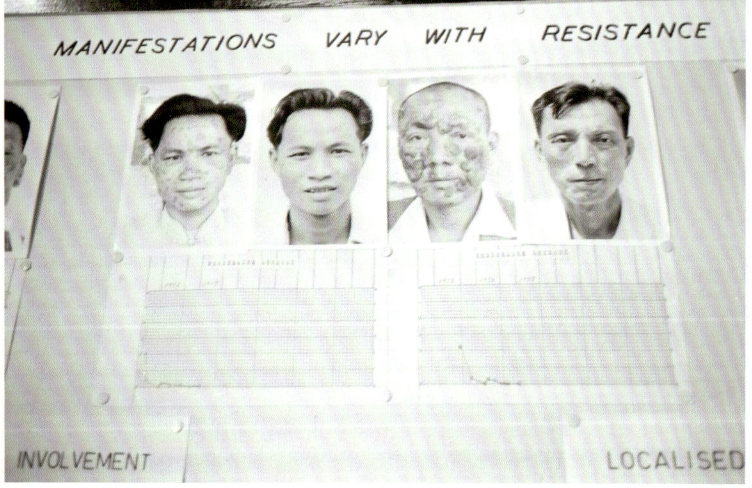

病院內設置各種展板，向參觀者介紹醫治痲瘋病所用的藥物及治療效果。

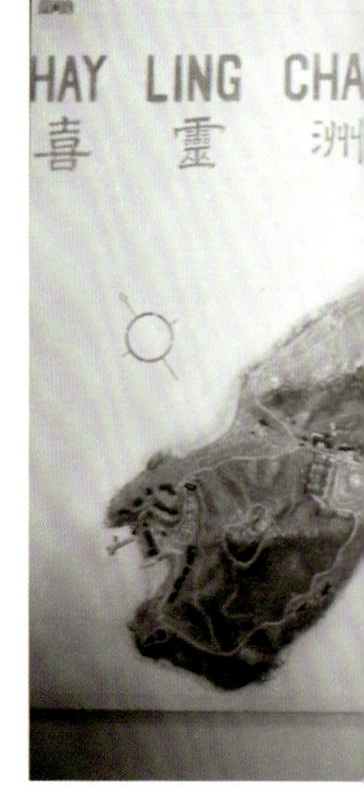

上左　病院內展示了整個喜靈洲的模型。
上右　病房一隅。
下　護士宿舍。

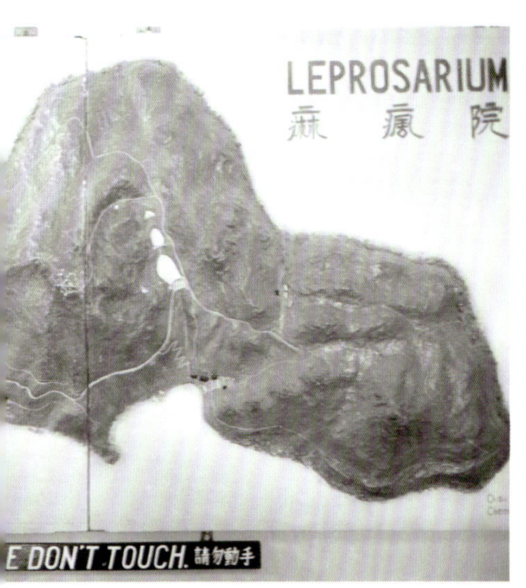
LEPROSARIUM
痲瘋院
E DON'T TOUCH. 請勿動手

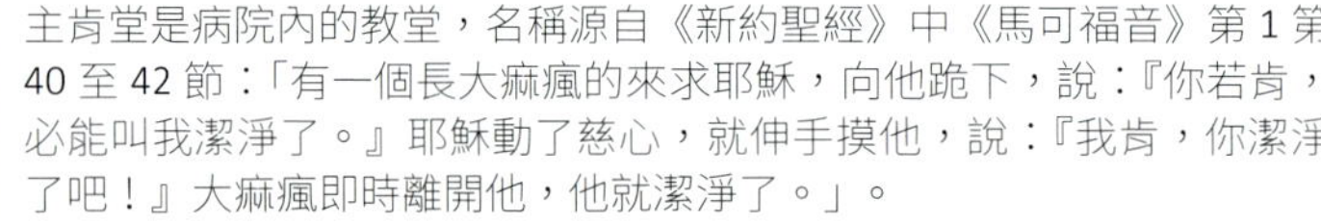

主肯堂是病院內的教堂，名稱源自《新約聖經》中《馬可福音》第 1 第 40 至 42 節：「有一個長大痳瘋的來求耶穌，向他跪下，說：『你若肯，必能叫我潔淨了。』耶穌動了慈心，就伸手摸他，說：『我肯，你潔淨了吧！』大痳瘋即時離開他，他就潔淨了。」。

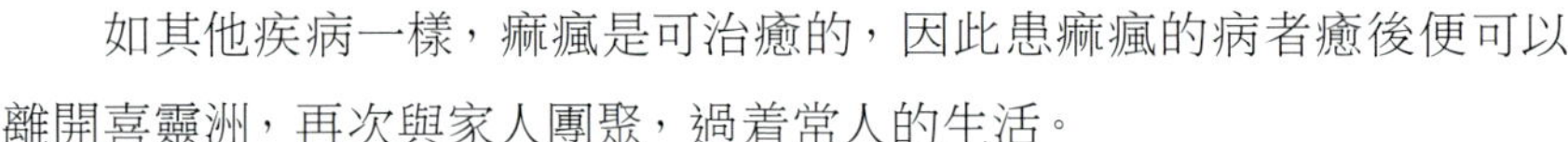

如其他疾病一樣，痲瘋是可治癒的，因此患痲瘋的病者癒後便可以離開喜靈洲，再次與家人團聚，過着常人的生活。

喜靈洲痲瘋病院的高峰時期，收容患者多達五百四十人。隨着醫療技術的進步與新藥物的出現，痲瘋病的治療效率逐漸提高。到了 1970 年代中期，留院患者數量驟減至百餘人。1974 年，國際痲瘋救濟會宣布結束喜靈洲的醫療服務，餘下的約五十名殘疾患者被轉移至新建的荔枝角醫院。當時曾傳出政府有意收回喜靈洲闢作火藥庫，痲瘋院的管理方也希望將喜靈洲改建為一個類似烏溪沙的青年營地，為青年在假日期間提供多一個康樂活動場所。不過這些計劃始終未能如願落實。

1970 年代後期，越南難民潮湧入，政府在島上設立了禁閉營，為流離失所的難民提供庇護。此後，懲教署接管了喜靈洲，並將它轉為戒毒治療中心與懲教設施使用。2004 年，政府提議在喜靈洲與周公島之間填海，興建一所俗稱「超級監獄」的綜合監獄，但因島上棲息着特有物種鮑氏雙足蜥（Dibamus Bogadeki），計劃擱置。截至 2025 年，懲教署在島內設有喜靈洲懲教所、喜靈洲戒毒所、勵新懲教所及勵顧懲教所四座懲教設施。

左　白排舊村的鎮船灣，它的海灘被朱翁譽為全島最美，沙細浪清，風景如畫。1968 年後改稱為威爾殊灘（Welch Beach），以紀念當年英國駐守香港的威爾殊軍團。他們為病院進行了一些基建工程，包括開拓小路直達海灘。

右　白排村東北方的險峻巨巖氣勢非凡。朱翁說，遊人喜歡登上石頭拍照，他自然也不例外。

小結：不爲人知的自然景觀

朱翁在 1966 年 11 月 20 日參觀痲瘋病院，拍下珍貴的照片，讓我們得以一窺喜靈洲的自然面貌：白排村東北方的險峻巨巖氣勢非凡；南端東岸的鴛鴦巖如神祇遺落的腳印；還有被譽為全島最美的海灘 —— 鎮船灣，平靜的海水與柔軟的沙灘，似乎能安撫人心。然而，這些曾吸引旅遊家和行山客的景觀，如今已基本上與世隔絕，因島上設施用途的限制，遊人無法再踏足。

風雨飄搖侵蝕，草木蔓延叢生，痲瘋病院的建築早已化為廢墟。不過，也許我們下次望向銀鑛灣水面時，小島的輪廓便會再度浮現眼前，提醒我們喜靈洲見證了人類克服痲瘋病帶來的肉體與精神雙重考驗，同時喚起我們對生命堅韌不拔的省悟。

香銷玉殞 薄命憐卿

石鼓洲

石鼓洲西北角一片寂靜沙灘上，一塊花崗岩墓碑默默地躺着，上刻文字記載了一段跨越時間與空間的感人故事：

Sacred

To the Memory of

Elizabeth Ann

The Beloved Wife of Capt. A. Mcintyre

Who Died at Sea

21st of October, 1845

on Board the Ship "Castle Huntly"

Aged 23 Years and 9 Days.

「神聖的懷念，愛妻伊利沙白．安於卡素亨利輪航程中亡故。時惟一八四五年十月二十一日，享壽二十三歲零九日。船長馬仙陶立石。」[1]

這段文字紀念的是伊利沙白．安（Elizabeth Ann），一位年僅二十三歲的年輕女子，她的生命在航行途中戛然而止，船長馬仙陶（Captain A. McIntyre）為亡妻立此碑銘，以表深情。

1 朱翁翻譯，見《香港掌故 2》頁 111。又，McIntyre 更貼切的音譯應該是麥金泰。

朱翁於石鼓洲康復院開幕前兩天（1963 年 4 月 21 日）登島，仔細量度了石碑的長闊高尺寸為 7 呎 5 吋 ×2 呎 9 吋 ×8 吋。

石鼓洲的隱秘與傳聞

石鼓洲，又稱棺材洲，位於長洲以西，是一個神秘且鮮為人知的地方。在開發之前，這裏人跡罕至，只有少數島民居住。島上傳說眾多，有人認為這地埋有與明朝相關的「帝王寶塚」，也有說法認為島名來自於發現的石棺。

石鼓洲之名，或源於北部主峰的鼓形巨石，中央低陷，彷彿被天神敲擊凹陷。這些自然景觀，連同風化岩石上的奇特紋理，吸引了不少好奇者揣測它與歷史的聯繫。

伊利沙白·安與亨利堡號的故事

1962 年 12 月，時任長洲華商會主席馮北財及該會常務值理何炳釗、楊德勝和鄭全貴在石鼓洲發現了伊利沙白·安的悼念石碑，那時島上正興建由香港戒毒會營運的石鼓洲康復院。石碑被發現後不久，朱翁便好奇到底石碑下有沒有棺木？為此他踏足島上查勘，拍下了石碑的珍貴照片。據他記述，碑厚 8 吋，當時他看到有人在碑的中央向下挖了一個小洞，洞內是泥土，證明碑下空無一物。因此他的結論是，伊利沙白如果不是海葬，便已運回故鄉，絕不是葬在石鼓洲。按照留碑的情況看，相信是海葬的可能性居多。他更大膽推測，應該是當年漁民看見搬抬石碑登岸，訛傳為石棺，後人又再神化為帝王寶塚，愈傳愈誇張。

不過，到了 1974 年，又有 Jean Moore 重新提出，要研究石碑之來龍去脈[2]。他考據到亨利堡號（Castle Huntly）是一艘三桅商船，於十九世紀

2 Moore, Jean. "THE EUROPEAN GRAVE ON SHEK KWU CHAU, HONG KONG." Journal of the Hong Kong Branch of the Royal Asiatic Society, vol. 14, 1974, pp. 186—87.

左 石碑放在島上西北角的小石灘後。

右 朱翁認為，石鼓洲之名，或源於北部主峰處有一塊渾圓如鼓的巨石。巨石中央低陷，彷彿被天神敲擊過一樣。

活躍於印度、中國與英國之間的貿易航線上。這艘排水量超過 1300 噸的木製帆船，最初由東印度公司使用，後來成為私人商船。據記載，該船參與過鴉片貿易，並曾在航行途中經歷叛變與風暴等事件。

Jean Moore 提了另一個疑問，據知亨利堡號於 1845 年 10 月 23 日，在香港南方約 400 英里的西沙群島附近失事。然而，伊利沙白·安的死亡日期卻是事故發生的兩天前，10 月 21 日。她是否在香港附近的水域去世？遺體又如何運往石鼓洲？更令他好奇的是「墓碑」的來源。這塊碑由非本地的花崗岩雕刻而成，地質學家確認其石材並非源自香港。這是否意味石碑在她逝世後特意從其他地方運來，以表對逝者的尊重？

這些問題在當時仍是未解之謎。

不過在 2021 年，Facebook 專頁「雜碎香港 Crumb Tracker」的版主根據英國國家檔案館（F.O.233/185 號）等史料，重新整理出亨利堡號的

石鼓洲依地形可分為南北兩段，北段主峰巨石多，上面有風化侵蝕過的痕跡，若不認真看的話，還以為那是意義不明的刻字。朱翁形容此二石為棺形石。

最後航程[3]：1845 年 9 月 29 日，商船 Castle Huntly 從廣州黃埔啟航，船上載有糖、乘客及船員，目的地為印度孟買。然而，這段航程卻成了一場災難，充滿命運多舛的際遇。船長在短短九十六天內經歷了船隻故障、風暴、沉船、妻子過世以及隨後的一系列爭議，最終以悲劇收場。

船隻出港不久，即因漏水問題被迫滯留珠江維修。根據航海紀錄，船隻直到 10 月 15 日仍停泊黃埔。最終，船長冒着壓力，在 10 月 17 日重新啟航，準備駛入南中國海。10 月 23 日，船長的年輕妻子 Elizabeth Ann 在船上病逝，終年僅二十三歲。她於 10 月 21 日逝於船上，翌日被埋葬於香港石鼓洲。儘管悲痛，船長並未因此停留太久。10 月 23 日，船離開石鼓洲，航向公海。

進入南中國海後，Castle Huntly 遭遇惡劣天氣，風帆相繼損壞，最

3 https://www.facebook.com/share/15bxTAHZUZ/?mibextid=wwXIfr

上　照片右方是戒毒者的宿舍。特意挑選此處，是因為這裏空氣流通，風景極佳。這座兩層的平房，院方預計可容納二百五十至五百人。

下　這張照片記錄了初創時醫院的簡樸面貌，當時僅設二十五張病牀，為戒毒者提供基本醫療。

終失去控制。船隻於10月27日擱淺在西沙群島的Lincoln Shoals。船長後來提到，船難中部分船員拒絕指揮，甚至發生槍擊事件。最終，船上的其中六十六人搭乘救生艇離開殘骸，歷經四十八小時的艱難航程，於10月30日抵達海南島。

抵達海南後，當地官員熱情接待一行人，並安排他們沿陸路返回廣州，耗時三十八天。期間所有傷病者均獲妥善照料。同年12月，船長致函感謝海南官員。

然而，總督戴維士（Davis）質疑船長未救四十名仍留在殘骸上的印度商人與水手，掀起輿論爭議。媒體指責總督未遵循無罪推定原則。後來港府派出火輪搜救無果，相信其餘四十人經已遇難。

馬仙陶在悲痛中立碑，或許是為愛妻留下永恆的紀念，也可能是因航程緊迫，無法將遺體運回故鄉。這段悲劇不僅是個人喪失，更映照十九世紀航海的無常與殖民地政治的複雜。

戒除毒癮的清淨地

現時石鼓洲列為禁區，閑人免進，原因與島上戒毒中心的設立有關。1960年代，經濟復甦與城市化加速，帶來社會變遷，毒品氾濫成為嚴重挑戰。據官方估計，當時香港三百萬人口中，約十五萬人染上毒癮，毒禍滲透社會各階層。政府為掃除毒害，制定戒毒所條例。這一法例為民間戒毒機構提供了法律基礎，吸引社會領袖與慈善人士參與。

當時貝納祺御用大律師（Brook Antony Bernacchi）目睹毒害之重，便聯合羅理基醫生（Dr. A. M. Rodrigues）等人組成工作委員會，專責研究吸毒問題並籌建康復設施。委員會向港府申請租借石鼓洲，建立志願戒毒中心。1961年9月7日，香港戒毒會成立，成為本港首個專為吸毒者提供志願戒毒服務的機構，免費協助戒毒者重建人格，重返社會。戒毒會提供醫療、職業輔導、學業支持及徙置推薦等服務，並在學校、工廠、社區中心推廣毒害教育，喚醒公眾意識。經過兩年籌備，石鼓洲康

上　島上最初期的蓄水池，那時候尚未有需要興建如今為人熟悉的仿羅馬式蓄水池。

下　石鼓洲有一小型天后宮，是 1954 年由島上居民簡單用石塊和竹搭建而成。到了 1963 年，康復院計劃在原址重建一間更正式的天后廟。

左　康復院製作的石鼓洲模型。

右　1967 年 3 月 24 日，當朱翁再訪石鼓洲，島上已有不少變化，例如康復院實行了家社制度，分為仁、義、禮、智、信、真、善、美、忠。每個社均負責不同的職能。

復院於 1963 年啟用，港府隨即將全島列為禁區，確保戒毒環境的純淨。

1963 年 4 月 23 日，石鼓洲康復院正式開幕，成為香港最大的男性戒毒中心，為十八歲以上自願戒毒者提供治療與復康服務。這座孤島與世隔絕，為戒毒者創造遠離毒癮的環境。啟用初期，主要由青山醫院負責斷癮治療，康復院則負責斷癮後的康復服務。

小結：石鼓洲的現代使命

時至今日，康復院仍然由香港戒毒會運營，以自給自足的無毒社區為特色，獨具二十四小時醫生值班的戒毒醫療服務，是香港唯一無宗教信仰的戒毒康復院，體現了開放包容的理念，幫助戒毒者脫離毒癮，獲得重啟人生的信心。

康復院內可以見到不同信仰並存的景象，天后宮旁邊有一座七級浮屠。（事隔四年，修建天后廟的工程才剛開始。）

特別篇

行走的記憶 觀察的視角

筆記與軍用地圖上的朱翁足跡

前言

香港的地貌如脈絡般蜿蜒複雜，山與海的交錯，塑造出這座城市的獨特質感。從維多利亞港的繁忙水域到新界離島的偏遠山徑，我們面對的不僅是自然景觀，更是歷史、文化與人類活動的交匯場域。朱維德（下稱朱翁）以他敏銳的觀察力與獨特的記錄方式，成為一位非典型的歷史記錄者，藉着他的攝影作品、手寫筆記及軍用地圖，勾勒出一套私人而精微的民間檔案。朱翁並非專業地理學者或歷史學家，而是以旅行家、教師、歷史愛好者、藝人的多重身份，以腳步丈量土地、以鏡頭與文字重塑過往，將香港的自然與人文地景存檔，呈現出一個既個人又具公共意義的記憶系統，留下了無可取代的記錄。

本文透過探討朱翁以菲林攝影、行山筆記及 GSGS 3868 軍用地圖所構築的個人地誌（Personal Topography），分析其如何成為香港地方史研究中的重要資源，並揭示私人收藏如何在當代轉化為具公共價值的歷史材料。朱翁的記錄不僅是對昔日香港地理景觀的描繪，更是一種與時間、空間及記憶對話的實踐，啟發我們重新思考個人經驗在歷史建構中的角色。

左　攝於葛量洪教育學院圖書室外。

右　朱翁最初是學音樂的，曾夢想成為一名音樂家。早年他苦練鋼琴和小提琴，琴藝未見登峰造極，卻先練出背痛、風濕和痔瘡來。這也是驅使他希望透過行山鍛鍊身體的其中一個誘因。

登山涉水之始　鏡頭下的香港

朱翁 1931 年在廣州出生，為家中四兄弟之首。大學畢業後，他於 1950 年移居香港，並於 1953 年畢業於葛量洪教育學院。其後，他先在長洲官立中學任教中文及音樂科，再於 1957 年 9 月起在渣華道官立小學執教鞭。自青年時期起，朱翁便對山水流連忘返。這份熱情或許與他自小成長於廣州的自然景致與文化氛圍有關，啟發了他對戶外世界的好奇心。即便在繁忙的師範學業期間，他仍不時抽空走訪香港各地，登山涉水，探索香港的山川地貌，將箇中經歷視為心靈的滋養與靈感的源泉。

朱翁早期雖然已熱衷行山，但仍未算是「發燒友」，且當時他還沒有相機，照片多由他人拍攝。直到 1960 年暑假，他花費了兩個月的薪水，購入人生首第一部 Leica 相機，開始以攝影記錄香港風貌。週一至週五是上課日，自然不適合出行，而朱翁在週六間中也要處理教務，所以只能選擇在週日行山。

朱翁對山水的探索，並不止於消閒。他的行動極具條理與紀律，

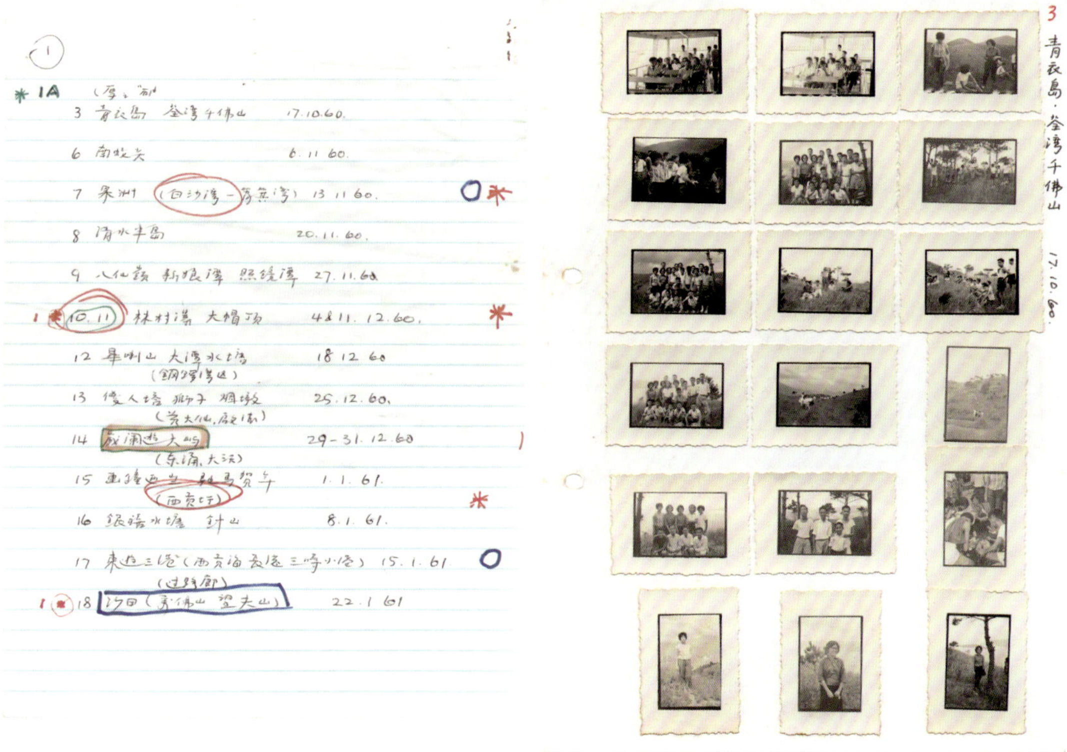

1960 年 10 月 17 日，朱翁首次完整記錄遊覽青衣島及荃灣老圍千佛山的行山過程，並自行沖印全部照片，標誌朱翁個人地誌實踐的開端。是次行程編號為 1A-3，意味此前至少還有兩次記錄，遺憾的是有關資料並不齊全，我們無從得知他與學生首次出遊的目的地。

更近乎一種長期的田野探究。每次行山回來，都會按編號有序地整理成獨立紀錄。首先他會在黑房自行沖曬菲林（主要是 35mm，早期間中也有 120mm 的），並製作接觸印樣（Contact Sheet）[1]，剪裁後貼於拍紙簿中，伴以詳細記錄，整理路線與觀察所得。他的筆記不僅是簡單的行程日誌，也會涵蓋地名考據、交通方式、步行時間、地形變化及偶遇村民的口述資料，體現了他對記錄的嚴謹態度與細緻入微的觀察力。在首年朱翁主要帶領學生出行，過程中不僅寓教於樂，也讓學生在大自

1 接觸印樣是一卷菲林所有影像的集中呈現。那是將整卷菲林平鋪於感光相紙上，壓平後暴露於光線，經顯影與定影後生成的貼印照片。製作接觸印樣的目的是為了方便攝影師快速檢視每一幀影像及其曝光情況，無需編輯或添加濾鏡效果，以便立即發現曝光不足或過度曝光的照片。此舉也便於攝影師挑選照片進行放大沖印。

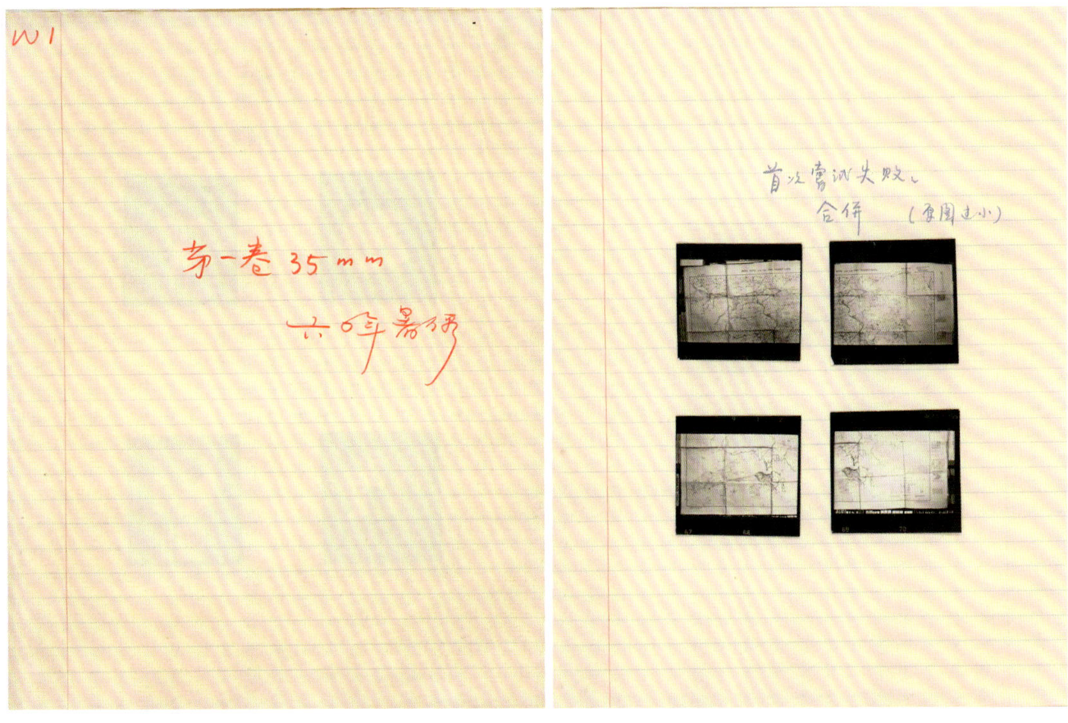

朱翁對他拍攝的照片珍而重之，這是他首卷菲林，所得紀錄悉心貼於拍紙簿中。因他洋名為 Walter，故編號為 W1，作為 W 系列之首冊，該系列主要記錄家人與朋友間的私人照片。購入相機後，朱翁在拍攝時便立即嘗試將多幀照片合併成全景相，可惜最終未能成功。

然中學習觀察與思考。1961 年後，隨着路線難度提升，朱翁轉而與志同道合的山友結伴同行，深入探索更具挑戰性的山徑與偏遠地景。根據現存檔案整理，朱翁自 1960 年 10 月至 1971 年 1 月共行山 257 次，高峰期集中於 1960 至 1965 年間。

朱翁的個人山誌以攝影為核心，構成筆記內容的 70%，是他觀察與記錄香港的主要媒介。通過菲林相機，他捕捉了香港的山徑、石澗、古廟、石刻及鄉村景觀，將瞬息光影凝固為永恆的歷史檔案。他的攝影不僅是視覺的再現，更是對香港地景、歷史與文化的深刻書寫。尚未受現代化與都市化浪潮侵蝕的香港景觀，在朱翁鏡頭下得以真實呈現出來，為地方史研究提供不可或缺的重要視角。雖然朱翁拍攝的照片絕大部分為黑白，但在未有數碼修圖技術的年代，他要親自在黑房中手工接駁菲

朱翁自拍像

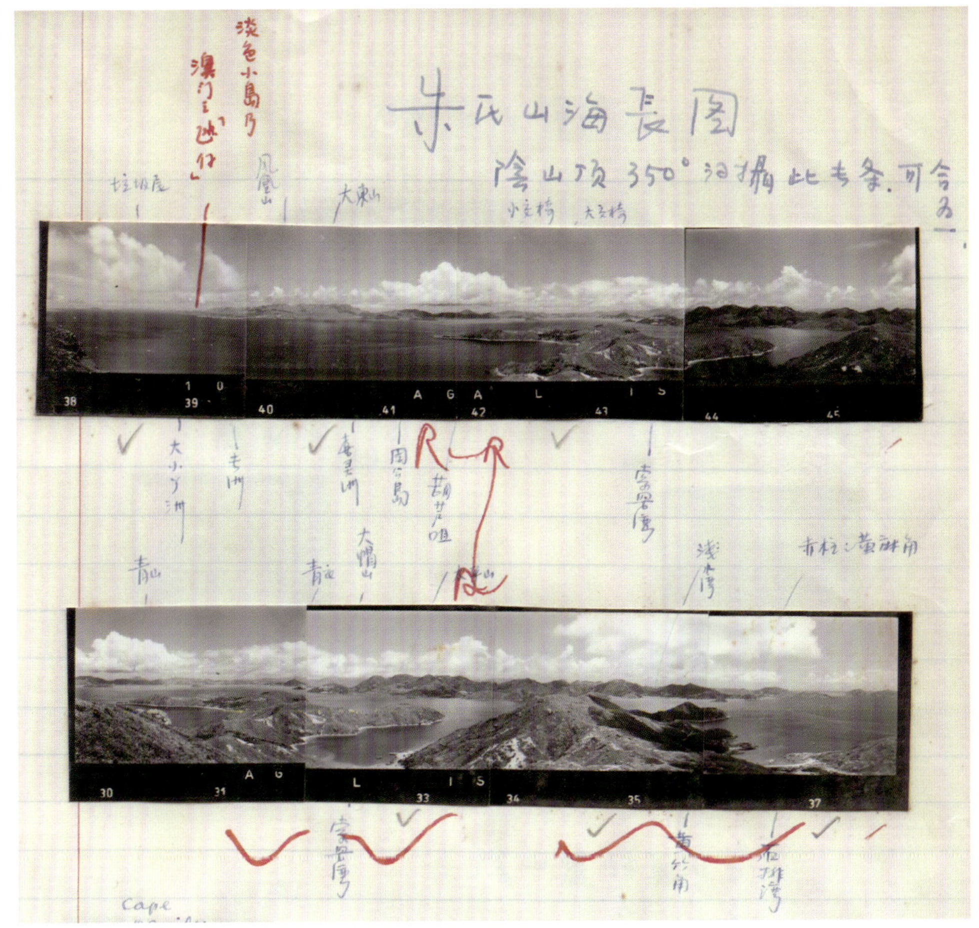

朱翁在南丫島最高點的山地塘（又名陰山）上，以 350 度視角拍攝了這幅全景相。可惜部分菲林借了給別人，結果一去沒回頭，「朱氏山海長圖」現時僅存在於筆記中。

林，創作出一張又一張全景照片，將山與海的氣勢表露無遺。

朱翁曾言，這樣拿着相機從左至右移動逐格拍下，看似很簡單，但別小看當中的複雜性，例如要記得自己拍前一格的位置，角度稍有偏移，出來的效果可以是差之毫釐，謬以千里。今天手機有全景模式，也有航拍技術的便捷，但朱翁的全景相，輕輕兩、三格菲林，便勾勒出山脊線與海岸線的壯闊輪廓，絕少失誤，可見他憑肉眼判斷距離的準繩度和耐性。

山徑與筆跡 攝影的文字延伸

攝影固然是朱翁記錄香港地景的主要手段，然而他的手寫筆記在個人地誌實踐中，也扮演了舉足輕重的文字延伸角色。翻閱朱翁早期的行山筆記，可見他對每次行程均有詳盡描述 ——或以日記形式記敍，或具體記錄交通方式與步行時間，或在菲林印樣旁寫下附註。這些筆記不僅補充了照片無法完全表達的細節與背景，還為朱翁的攝影提供了語境與詮釋。

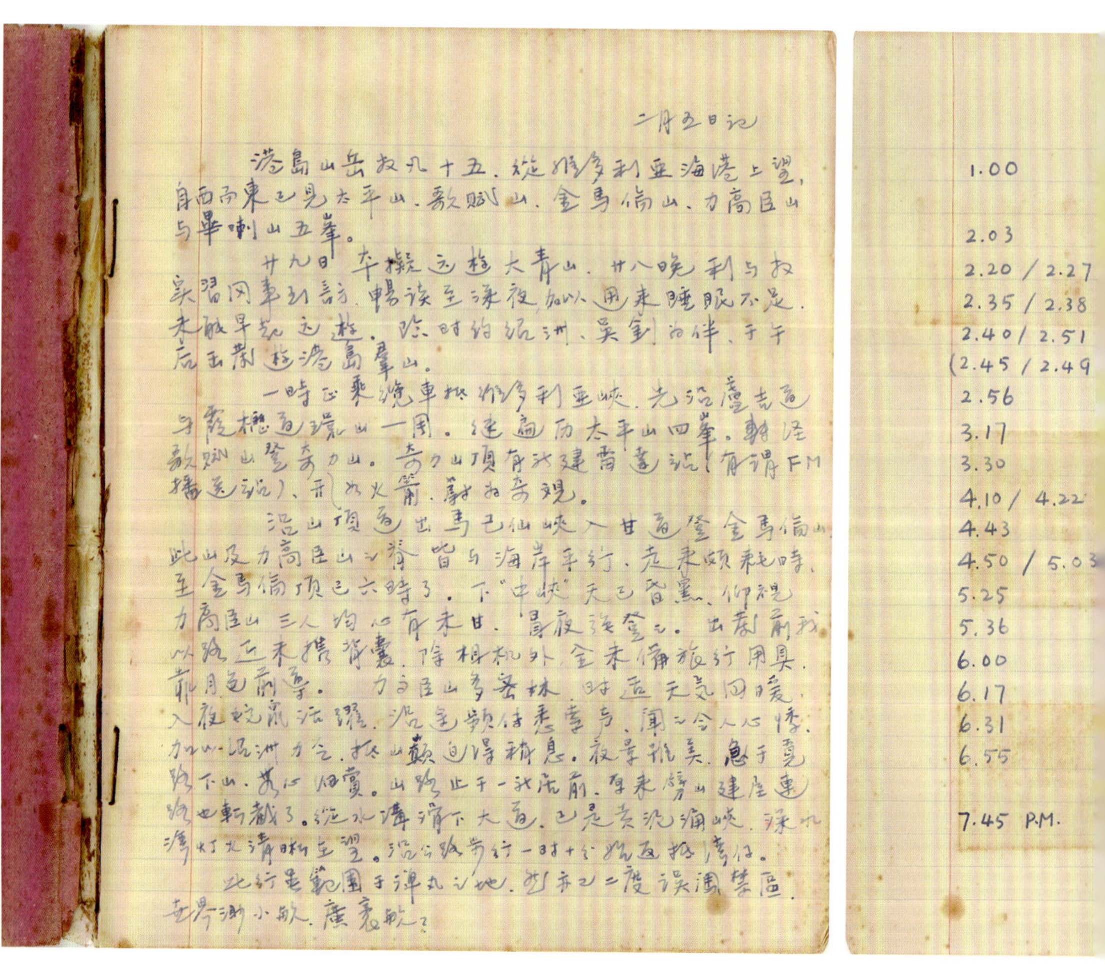

左　這是一例：1961 年 1 月 29 日，朱翁與友人暢遊港島群山，筆記起首是一篇短文，其筆記以一篇短文開首，記述了行程的前因後果。

中　第二頁則詳細列出此行之出發時間、起點與終點及到達沿途景點的時間。

右　第三頁展示出朱翁行山筆記的基本格式，每格菲林均附標題或註釋。朱翁用一張攝於維多利亞公園遠望香港群山的全景相作起首，起先聲奪人之勢，雖然很可能他是這本筆記的唯一讀者。

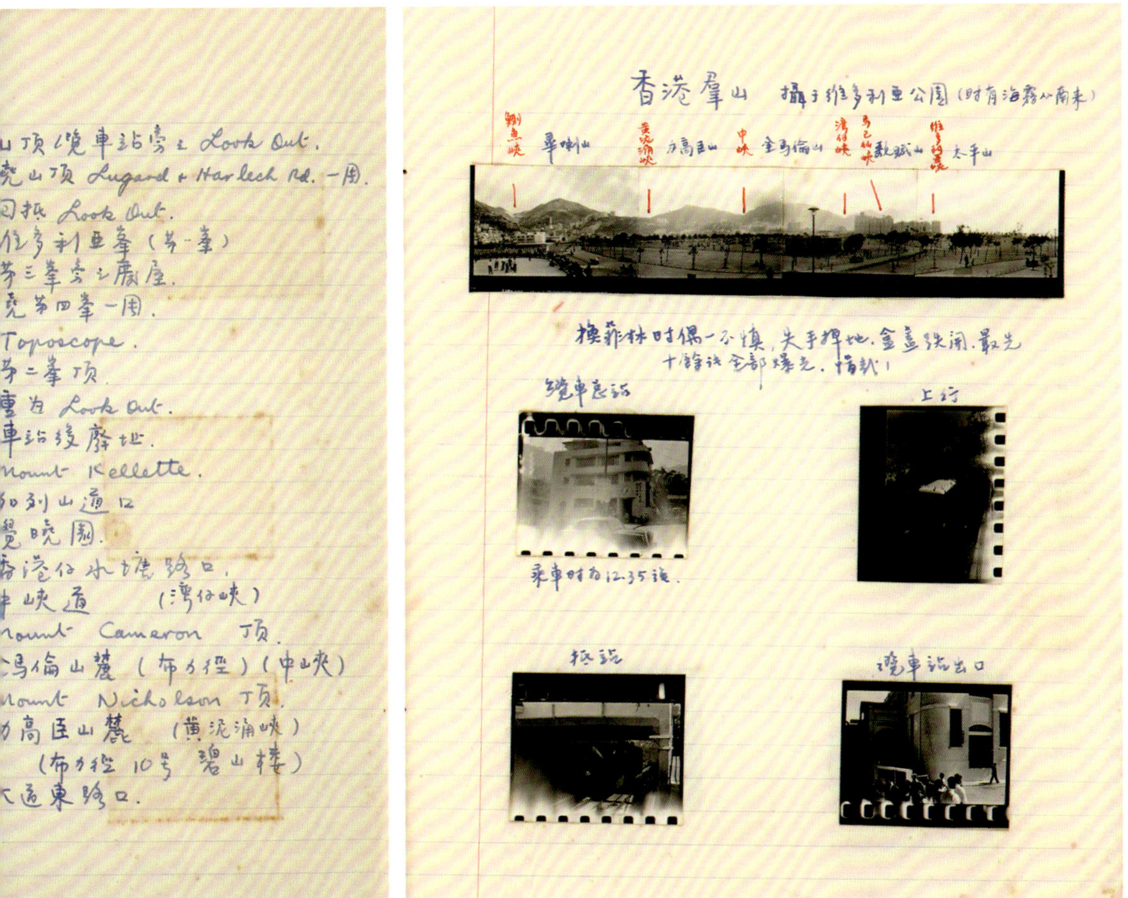
山頂纜車站旁之 Look Out.
山頂 Lugard & Harlech Rd. 一周.
抵 Look Out.
維多利亞峯 (第一峯)
第三峯旁之廢屋.
第四峯一周.
Toposcope.
第二峯頂.
重返 Look Out.
車站後靜地.
Mount Kellette.
加列山道口
覺曉園.
香港仔水塘路口.
中峽道 (灣仔峽)
Mount Cameron 頂.
馬倫山麓 (布力徑) (中峽)
Mount Nicholson 頂.
力高臣山麓 (黃泥涌峽)
(布力徑 10号 碧山樓)
道東路口.

香港羣山 攝于維多利亞公園 (时有海霧自南来)

畢拉山　黃泥涌峽　力高臣山　中峽　金馬倫山　灣仔峽　馬己仙峽　歌賦山　太平山

換菲林时偶一不慎，失手掉地，盒盖鬆开，最先十餘張全部爆光，惜哉！

纜車起站
乘車时为12.35分.

上行

抵站

纜車站出口

從朱翁的筆記，我們也能窺見他和一些旅行家的互動與交流。像1961年9月24日中秋節，朱翁、李君毅、黃垤華、未名社創辦人林金城先生等人從大澳出發，準備前往鳳凰山度過兩天的假期。李君毅是遠足泰斗，當時已頗有名氣，經常在雜誌及報章上發表攝影及遊記，其名作《登山臨水篇》亦在連載中；黃垤華則專門以地圖及歷史文獻為出發點，在田野間「上窮碧落下黃泉」，研究香港地名的沿革。原來在更早時候的7月，朱、李、黃三人曾組成小隊，聯袂出遊，朱翁還自稱此小隊為「強力集團」：

「會李君毅為報章撰稿……急於發掘與拍攝僻地資料風光；黃垤華沉緬旅遊，為其古籍尋取事實根據，於是三人結成小組，聯袂出遊。

李、黃、我人數雖少，然而多抱大志，非時下一般旅遊社團人士可比。李有文學修養，攝影亦有獨具眼光，寫作園地遍《華僑日報》「旅行雙週刊」、《海光》與《中國學生週報》，圖文並茂，而文較圖優，為文字句做『志書』，音韻鏗鏘。黃集古籍輿圖，窮多家之秘藏，檔案廣而資料豐，投稿《華僑日報》「旅行雙週刊」，以考證為能事。此三人在港之旅遊界中，如古昔帝俄時代之音樂家 Rimsky-Korsakov（林姆斯基—高沙可夫），故自稱『強力集團』[2] 云爾。

此集團活躍無固定，重『點』而非『線』，取難而不取易，選遠而不選近，擇僻而不擇諳……。」

可惜的是，三人在行山上各有追求，強力集團合作未及數次便告解

2 強力集團亦稱五人樂派或俄國五人組，是1856年至1870年間在俄國聖彼得堡形成的一個音樂創作團體。其成員包括巴拉基列夫、穆索斯基、林姆斯基 - 高沙可夫、鮑羅定及庫宜五人。團體旨在相互激勵，致力於創作具有濃厚俄羅斯民族特色、區別於歐洲古典音樂傳統的浪漫派音樂作品。五人中有四人為業餘作曲家，但依然在音樂領域取得卓越成就，成為一代大師。自強力集團崛起後，俄羅斯音樂界湧現出一系列享譽國際的作曲家，開啟了俄羅斯音樂的輝煌篇章。

散。然而，這段短暫的合作不僅體現了1960年代香港旅人對自然與文化的共同熱情，還為朱翁的筆記增添了多元視角，豐富了他個人地誌實踐的內涵。朱翁與李君毅的交流，或許啟發了他對攝影構圖與遊記撰寫的思考；而黃垤華對地名與歷史的考證，則可能深化了朱翁對香港土地的理解。這些互動反映了當時香港知識分子與旅行愛好者之間的網絡，揭示了個體如何通過集體實踐參與地方記憶的建構。

軍用地圖 從殖民工具到個人地誌的坐標

在朱翁的地誌實踐中，相較於攝影與筆記，GSGS 3868軍用地圖扮演着輔助角色，將視覺影像與文字記錄嵌入地理坐標，形成一套立體的記憶系統。GSGS 3868地圖由英國陸軍總參謀部地圖科（Geographical Section General Staff ，GSGS）於1928年至1934年間出版，原為戰時軍事部署與偵察之用，包含二十四張1:20,000比例尺圖幅，採用航空攝影技術與公制單位，確立了香港地圖繪製的新標準。地圖後來又在1938，1945，1949及1952先後歷經數次修訂。朱翁於1950年代末期以24港元從夜冷舖購入二十四張地圖，將其轉化為行山的導航工具與記憶載體。這些地圖滿布他的手寫筆記、符號與塗改痕跡，最珍貴的是地圖上記錄了不少昔日村落、島嶼、山脊、海灣的土名。除此之外，他又會以紅、藍等不同顏色標示道路通行難度，註記如「此路不通」「已封閉」或「可疑斷崖」，顯示出他對地圖的實用再創造與個人化詮釋。

地圖更因朱翁多次折疊使用而邊角磨損、紙面斷裂，卻經他以膠紙修補，形成獨特痕跡。這些破損與修復猶如地景變遷的縮影，承載着朱翁與香港地貌的親密互動。地圖亦為朱翁的攝影檔案提供了空間框架，將照片與地理坐標對應，形成結構化的記憶系統。他對地圖的態度近乎儀式性，每次行山歸來必更新記錄，細心標註新開路徑或地形變化。這些註記可與今日地政資料對照，為研究城市發展、土地使用變遷及鄉村地景的消長提供了基層視角，成為地方史研究的珍貴參考。此外，他在地圖上記錄的村民口述資料，如某村落因戰時遷移而廢棄的歷史，為地方史研究補充了官方檔案難以涵蓋的民間記憶。

總結

朱翁的個人地誌形成了一種獨特的文類，既反映他個人世界觀與行動路線，又為後人提供了理解過往香港的線索。這種書寫方式不僅是記錄，更是一種提問的姿態：何者值得被記下？何處正在消失？何聲應被聽見？朱翁的選擇與取捨構成了一套審美與知識的邏輯，體現了他對「香港」這一主體如何被看見、被描述的積極參與。他的記錄跨越了個人與公共的界限，成為地方史研究的重要資源，特別是在探討 1960 年代香港自然與人文景觀的變遷時，提供了不可替代的視角。

朱翁的工作啟發我們重新思考個人經驗在歷史建構中的角色。在快速城市化的香港，許多地景與記憶隨時間消逝，朱翁的檔案卻以其細膩與系統性，為這些消失的片段保留了一線生機。他的攝影、筆記與地圖不僅是對過往的追憶，更是一種對未來的對話，提醒我們關注那些被忽略的角落與聲音。通過朱翁的足跡，我們得以窺見一個尚未被高樓大廈完全覆蓋的香港，一個山海交織、人文交融的香港。

Chung Pui
涌背
Wang Shan Keuk
Lai Pek Shan
犂壁山
八仙
Tung Kok
Po Sam Pai
Boat Building Shed
Shun Wan
船灣
Yeung Chau
羊洲
Ma Sze Chau
馬屎洲
Ah Chau or Centre I.
鴉洲
Harbour I.
大埔海
船灣海
双排
13 ft high at H.W.
Tsia Hang
60
61
62
63
64
17
18
19
20
21
23
24
25

後記
香江遺韻，記憶永存

走完《消失了的……：朱翁香江風物紀行》的旅程，心裏浮現出許多感受。朱翁留下的照片與筆記，帶我們穿梭上世紀中葉的港九、新界與離島，像是在時間的長河中漫步，一格一格影像拼湊出昔日香港的生活場景。從港島海岸線的變遷到宋王臺的殘石、從大澳的鹽田到喜靈洲的痲瘋病院，每一個地點都不是孤立的風景，而是與人息息相關的故事與抉擇。

這本書記錄了二十多個地點的生滅變化，每個地方都像一面鏡子，映照香港在現代化與傳統之間的掙扎。例如九龍寨城，從清代的軍事據點變成「三不管」地帶的歷史，最後拆卸後只餘下公園裏的殘存的幾樣文物；又如獅子山傻人塔的詩句「雙手萬能，人定勝天」，曾提醒我們屬於那個時代的信念，如今塔已崩塌，連基座也無從辨認。所謂獅子山精神，又變成了哪種面目？至於新界與離島更是經歷了巨大轉變，鄉村逐漸被水庫、道路和新市鎮發展取代。朱翁留下的影像，不只是記錄，也成為人與地方關係的延續。

朱翁的風物紀行，是一場對歷史記憶的保育與再現。他用大半生走遍香港，留下了數以萬計的照片和接近二百本筆記，我有幸將它們整理成書，與各位讀者分享。

在整理這些檔案時，我常被他的用心感動。那份對每一處風景的注視與關懷，不僅展現了一種攝影的信念，更是一種對香港的承諾——以真摯的行動，與這片土地維持深厚聯繫。朱翁的攝影作品，讓我們重新認識香港的根。香港不只是高樓與商場，更是南宋遺臣的避難地、佛教禪林的淨土、漁民與鹽工的家園。原來守護記憶，就是在守護我們的身份。這份感覺驅使我寫下這本書，希望讓更多人看見香港的另一面。

但這只是開始，香港有更多事物仍在消失。今天，我們擁有更高階的攝錄器材與接觸面更廣泛的網絡平台，甚至踏入人工智能時代，整理資料變得前所未有般快捷。我們是否願意回到那些即將消失或已被遺忘的角落，重新發現一條水道、一座神壇、一段樓梯？我相信，守護香港的歷史文化需要每個人的參與，那不只是歷史學家的事。您可以拿起相機，記錄身邊的老店與街巷；您也可以走進鄉村，聽聽村民的故事。就像朱翁那樣，他從來沒有以史地研究者自居，所做的只是踏實地走、耐心地看、細心地記錄。

朱翁的紀行滿載着一份仰望山海的胸懷與深情，提醒我們將城市的根脈延續下去。願我們也能珍惜這份視角，讓那些消失了的風物，能在未來歲月中繼續閃耀光芒。

消失了的

朱翁香江風物紀行

鄺志康 著

責任編輯 蔡志浩、梁嘉俊

裝幀設計 Fuzzy Design

排　　版 Fuzzy Design、時潔

印　　務 劉漢舉

出版
非凡出版
香港北角英皇道 499 號北角工業大廈 1 樓 B
電話：（852）2137 2338
傳真：（852）2713 8202
電子郵件：info@chunghwabook.com.hk
網址：http://www.chunghwabook.com.hk

發行
香港聯合書刊物流有限公司
香港新界荃灣德士古道 200 - 248 號
荃灣工業中心 16 樓
電話：（852）2150 2100
傳真：（852）2407 3062
電子郵件：info@suplogistics.com.hk

版次
2025 年 7 月初版
2025 年 10 月第二次印刷

規格
16 開（240mm x 170mm）

ISBN
978-988-8913-31-2

資助

香港藝術發展局支持藝術表達自由，
本計劃內容並不反映本局意見。

NEW TERRITORIES.
THIRD EDITION
SHEET 11
Ha Tsat Muk Kiu
下七木橋
Shueng Tsat Muk Kiu
上七木橋
Sam Tam Lo
三擔籮
Wu Kau Tang
烏蛟田
Kai Tam Tso
Lai Tau Shek
Chung Mi
涌尾
Wang Shan Keuk
Shek Shui Kan
石水澗
Chung Pui
涌背
Wong Ling Tau
Lai Pek Shan
犁壁山
八仙嶺
PAT SIN RANGE
Shan Liu
Lo Tsz Tin
Ting Kok
汀角
Lung Mi
龍尾
Boat Building Shed
Tsing Tsai
Tung Tsai
Kun Yam Temple
Wai Ha
Wong Yue Tan
船灣
Shun Wan
Yeung Chau
羊洲
Ma Sze Chau
馬屎洲
Pak Sha Tau Chau
or
Harbour I.
Bush Reef
(Miaux)
(12ft high)
大埔海
船灣海
TOLO HARBOUR
Ah Chau
or
Centre I.
鴉洲
Tsiu Hang
Pak Shek Kok
白石角
Cheung Shui Tan
Cheung Muk Tau
樟木頭
Sai O
Nai Chung
CONVENTIONAL SIGNS
Rocks: Awash. Submerged
Drying Reef
Lighthouse
2000 Yards
3000 Metres
Air Survey by the R.A.F. and ground control by 2nd Colonial Survey Section, R.E., 1924-23.
Field revision by R.E. Survey Section, 1935-37.
Plotted by the Geographical Section, General Staff, 1928-29.
Engraved and heliographed at the Ordnance Survey 1929, 1930.
Photolithographed by O.S. 1945.
Reproduced by War Office. 1949.